Inhaltsverzeichnis

2 Vorbemerkungen

10 Entstehung der Geschichte von Pippi Langstrumpf

12 Wie du dich in deinem Buch zurechtfindest

15 Urkunde

16 Arbeitsblätter

34 Arbeitskartenpass

35 Arbeitskarten

59 Lösungen

Vorbemerkungen

Liebe Koleginnen und Kollegen,

es ist wohl nicht nötig, Ihnen den Inhalt der lustigen und zugleich spannnenden Geschichten von Pippilotta Viktualia Rollgardina Pfefferminz Erfraimstochter Langstrumpf, kurz von allen Kindern Pippi genannt, vorzustellen. Die Geschichten von dem stärksten Mädchen in der Kinderliteratur gibt es schon seit 1945. Angefangen hat es damit, dass die damals 7-jährige Tochter von Astrid Lindgren ihre Mutter bat: „Erzähl mir eine Geschichte von Pippi Langstrumpf!" Obwohl die heute – auch nach ihrem Tod – weltbekannte Kinderbuchautorin diesen Namen nie zuvor gehört hatte, fing sie an zu erzählen. Und so entstanden die Geschichten von dem außergewöhnlichen Mädchen mit den abstehenden roten Zöpfen und dem selbstgenähten, viel zu kurzen gelben Kleid, mit den verschiedenfarbigen Strümpfen und den viel zu großen Schuhen.

Tipps / Zeitpunkte zur Einführung der Ganzschrift „Pippi Langstrumpf"
- Akustischer Impuls: Titelmelodie des Films „Pippi Langstrumpf"
- Rätsel: Ich kenne ein 9-jähriges Mädchen, dass ... (Pippi Langstrumpf wie oben beschrieben oder im Buch Seite 14 vorlesen – Namen weglassen).
- Geburtstag von Astrid Lindgren am 14. November 1907
- Todestag von Astrid Lindgren am 28. Januar 2002
- Evtl. Pippi Langstrumpf-Filme oder Aufführungen
- Oder immer dann, wenn Sie viel Spaß und Freude im Klassenzimmer haben wollen.

Arbeitsblätter / Arbeitskarten
Die Arbeitsblätter sind so konzipiert, dass sie sich chronologisch direkt auf das Buch „Pippi Langstrumpf" von Astrid Lindgren, Einzelband, Verlag Friedrich Oetinger, Hamburg 1986, mit den angegebenen Seitenzahlen beziehen. Zum Lösen der Fragen dieser Arbeitsblätter benötigen die Kinder ihr Pippi-Buch.
Die Arbeitskarten beziehen sich inhaltlich auf die einzelnen Kapitel des Buches und können fächerübergreifend während des Lesens und Bearbeitens der Arbeitsblätter eingesetzt werden. Damit die Kinder einen Überblick über das komplette Arbeitskartenangebot erhalten, bekommt jedes Kind vor Beginn des Literaturprojektes einen Arbeitskartenpass.

Abschluss des Literaturprojektes
Viel Spaß und Begeisterung erreichen Sie bei den Kindern, wenn abschließend eine Pippi-Langstrumpf-Party gefeiert wird. Bei einer Party verkleiden sich die Mädchen als Pippi und die Jungen als Seeräuber (blaue Jeans, weißes Hemd – nicht zugeknöpft, sondern vorne geknotet, Kopftuch).
Falls Gäste zur Party eingeladen werden (vielleicht auch die Presse), können die selbst hergestellten Pippi-Bücher, Pippi-Bilder oder Pippi-Materialien zur Ansicht ausgestellt, ein Tanz zur Melodie von Pippi Langstrumpf oder ein Rollenspiel über Pippi aufgeführt werden.

Das vorliegende Literaturprojekt ist wegen der Aufmachung des Kinderbuches „Pippi Langstrumpf" (kleine Schrift / Anzahl der Seiten) für ein 3. und 4. Schuljahr verfasst.

Ich wünsche Ihnen viel Spaß und Erfolg mit dem Literaturprojekt „Pippi Langstrumpf".

Claudia Fischer

www.hoppedick.de

Vorbemerkungen

Vorschläge für weitere Aktivitäten

Das Buch zum Buch
Aus den fertigen Arbeitsblättern und erledigten Arbeitskarten, den zusätzlich gemalten Bildern und den geschriebenen Geschichten der Kinder empfiehlt es sich, zum Schluss des Literaturprojektes für jedes Kind ein eigenes Pippi Langstrumpf-Buch herzustellen. Damit die bereits erledigten Blätter der Kinder nicht verloren gehen oder gar im Schulranzen zerknittern, werden alle Blätter in einer Prospekthülle (mit Namen versehen) im Klassenzimmer aufbewahrt. Weisen Sie die Kinder öfters darauf hin, dass sie sehr sorgfältig mit ihren Arbeitsblättern u. Ä. umgehen, weil am Ende daraus ein eigenes Buch hergestellt werden soll. Manche Kinder nehmen diesen Ratschlag dankbar an und gehen sehr sorgsam mit ihren Arbeitsmaterialien um. Als Deckblatt für das eigene Buch kann entweder Pippi Langstrumpf gemalt und mit dem Titel „Pippi Langstrumpf" versehen werden oder die Kinder gestalten ein eigenes, individuelles Motiv.
Möglichkeiten der Buchbindung sind: Spiralbindung, Heißklebebindegerät, sammeln der Arbeitsblätter im Schnellhefter oder Blätter lochen und mit einem breiten Satinband zusammenbinden. Damit das eigene Buch eine Stabilität bekommt, ist es empfehlenswert, für das Deckblatt und den Buchrücken Fotokarton zu verwenden. Abschließende Folie über dem Deckblatt und / oder über dem Buchrücken dient nicht nur als Schutz, sondern lässt das eigene Buch hochwertiger erscheinen.

Gemeinsames Lesen im Klassenzimmer
Besonders motiviert sind die Kinder beim gemeinsamen Lesen im Klassenzimmer, wenn sie wie Pippi die Füße auf den Tisch legen dürfen oder sich hinsetzen / legen dürfen wie und wo sie wollen. Voraussetzung bei dieser ungewohnten Lesehaltung im Klassenzimmer ist jedoch, dass sich die Kinder beim Lesen / Mitlesen ruhig verhalten.

Laufen in viel zu großen Schuhen
Pippi Langstrumpf trug ein Paar viel zu große Schuhe (Seite 14). Viel Spaß werden Ihre Kinder haben, wenn sie auch in viel zu großen Schuhen laufen.

Kaffee trinken
Als Pippi, Annika und Thomas im Baum saßen, tranken sie Kaffee (Seite 88). Dieses „Kaffeetrinken" lässt sich auch im Klassenzimmer gut nachspielen. Um den Baum darzustellen (Höhenunterschied), stellt jedes Kind seinen Stuhl auf den Tisch und setzt sich darauf. Anschließend kann nun kalter oder warmer Kinderkaffee gemeinsam getrunken werden. Machen Sie die Kinder bei dieser ungewohnten Sitzordnung auf Gefahren aufmerksam!

Spiel: Zublinzeln
An einem dunklen Herbstabend klopften die beiden Diebe Donner-Karlsson und Blom an die Villa Kunterbunt. Beide machten große Augen, als sie Pippi mit den vielen Goldstücken sahen und blinzelten sich gegenseitig zu, was bedeutete, dass sie später wieder zurückkommen (Seite 136) wollten. Nach dieser Lesesequenz kann mit den Kindern das altbekannte Spiel „Zublinzeln" gespielt werden. Bei diesem Spiel finden sich die Kinder paarweise, bis auf ein Kind, zusammen und stellen sich hintereinander im Kreis auf. Der Hintermann verschränkt seine Arme auf dem Rücken. Das allein stehende Kind im Kreis blinzelt einem anderen Kind zu. Dieses muss versuchen, so schnell wie möglich zu dem „Blinzl-Kind" zu rennen, ohne dass es der hintere Partner festhalten kann. Gelingt es ihm, geht das Zublinzeln bei dem neu allein stehenden Kind weiter.

Vorbemerkungen

Kaffeekränzchen
Pippi wurde von Thomas und Annikas Mutter zum Kaffeekränzchen eingeladen. Dort befanden sich auch drei vornehme Damen (Seite 151). Anstelle des gemeinsamen Frühstücks in der Klasse können Sie mit den Kindern ein „Kaffeekränzchen" veranstalten. Bitten Sie Eltern, für die Klasse Kuchen / Muffins o. Ä. zu backen. Jedes Kind bringt einen Becher, einen Teller und eine Kuchengabel mit. Zu trinken gibt es Kinderkaffee (warm / kalt), Milch, Kakao ... Bei dem „Klassen-Kaffeekränzchen" geht es auch vornehm zu. Die Kinder ziehen sich besonders hübsch an und spielen vornehme Damen und Herren.

Pferdgetrampel
Pippi ritt auf ihrem Pferd Kleiner Onkel sehr schnell durch die Stadt. Die Stühle der Kinder eignen sich gut zum Reiten. Jedes Kind sitzt verkehrt herum auf seinem Stuhl. Pferdegeräusche können mit den Fingern nachgeahmt werden.

Schnelle Leser
Wie Sie aus Erfahrung wissen, haben die Kinder ein unterschiedliches Lesetempo. Damit keine Unruhe in der Klasse aufkommt durch Kinder, die mit dem Lesen fertig sind, können diese, während sie auf die anderen warten, die Bilder in dem Pippi Langstrumpf-Buch (sofern es das eigene ist) oder die Illustrationen auf den Arbeitsblättern / Arbeitskarten ausmalen.

Schweden-Tisch
Die lustigen Geschichten von Pippi Langstrumpf spielten in Schweden. Ein selbst von den Kindern eingerichteter „Schweden-Tisch" mit Fahnen, Kronen (schwedisches Geld), schwedischen Schriftwörtern ... sieht nicht nur hübsch im Klassenzimmer aus, sondern lädt alle (auch Besucher) während des Literaturprojektes zum Verweilen ein. Broschüren können Sie in Vimmerby im Erlebnispark „Astrid Lindgrens Welt" kostenlos unter: *www.astridlindgrenswelt.com* anfordern.

Pippi Langstrumpf Poster
Poster in der Größe von 30 x 40 cm zu Pippi Langstrumpf können für ca. 18 € unter: *www.poster.de* (bei Schnellsuche „Pippi Langstrumpf" eingeben) bestellt werden.

Büchertisch
Astrid Lindgren hat über 80 Kinderbücher geschrieben. Ein im Klassenzimmer oder in der Umgebung aufgestellter Büchertisch mit Büchern von Astrid Lindgren regt die Kinder zum weiteren Lesen nach dem Literaturprojekt an.
Hier können Sie sicherlich Ihre örtliche Bücherei bitten, Ihnen eine entsprechende Bücherkiste zur Verfügung zu stellen.

Pippi Langstrumpf im Theater
Viel Spaß und Freude haben Ihre Kinder, wenn sie die lustigen Geschichten von Pippi Langstrumpf im Theater anschauen können. Erkundigen Sie sich am örtlichen Theater, Kinder- und Jugendtheater, Zimmertheater o. Ä. nach einer Aufführung eines Pippi Langstrumpf-Stückes. Vielleicht haben Sie während des Literaturprojektes Glück und es findet eine Aufführung statt.

Vorbemerkungen

Arbeitskarte: Sachensucherbogen
Schicken Sie Ihre Kinder wie Pippi, Thomas und Annika auf „Sachensuche" (Seite 29). Die gefundenen Sachen sollten die Kindern mit in die Schule bringen und diese mit Hilfe des Sachensucherbogens ihren Mitschülerinnen / Mitschülern vorstellen. Anschließend werden die gefundenen Sachen im Klassenzimmer ausgestellt und mit einem Kärtchen (Namen des jeweiligen Sachensuchers) versehen.

Arbeitskarte: Briefmarke von Pippi Langstrumpf
Bei Bedarf können Sie die Pippi Langstrumpf Briefmarke im Wert von 0,51 € + 0,26 € (Postwert + Spende für Dt. Jugend) bei Ihrem örtlichen Postamt erwerben oder diese unter folgender Adresse bestellen:

Deutsche Post AG,
Niederlassung Philatelie
Poststr. 16,
60329 Frankfurt
Tel.: 0 18 03. 24 68 68 (0,09 € / Min.)
Fax: 0 18 03. 24 68 69 (0,09 € / Min.)
www.deutschepost.de/philatelie

Das Service-Informationsheft zum Beantworten der Fragen auf der Arbeitskarte erhalten Sie kostenlos beim örtlichen Postamt.
Die Lasche zum Einstecken der echten Pippi Langstrumpf-Briefmarke wird wie folgt hergestellt: Für jedes Kind benötigen Sie einen Streifen (5 cm breit, 2 cm lang). Dieser wird jeweils rechts, links und unten (ca. 0,5 cm vom Rand entfernt) mit Kleber versehen und auf die vorgesehene Stelle der Arbeitskarte geklebt. Die Lasche kann von den Kindern dann individuell bemalt werden. Zum Schluss nur noch die Briefmarke einstecken.

Arbeitskarte: Das Pippi Langstrumpf-Spiel
Kopieren Sie den Spielplan (Seite 55) auf DIN A3 hoch und malen ihn anschließend aus. Die Fragekarten und die Ereigniskarten werden zur besseren Unterscheidung in zwei verschiedenen Farben kopiert. Die Pippi-Punkte-Kärtchen und die Äffchen-Punkte-Kärtchen werden ebenfalls kopiert und farbig ausgemalt. Beim Ausmalen des Spielplans und der Punkte-Kärtchen sind Ihnen die Kinder sicherlich gerne behilflich. Zum Schluss noch alles laminieren und die Karten ausschneiden.

Pippi Langstrumpf / Astrid Lindgren im Internet
Auf der Kinderseite *www.efraimstochter.de* erfährt man viel Lustiges und Interessantes von Pippi Langstrumpf.
Unter *www.astridlindgrenswelt.com* kommt man auf die Internetseite des Erlebnisparks „Astrid Lindgrens Welt". Dort werden die Figuren von Astrid Lindgrens Erzählungen lebendig, wie Pippi Langstrumpf, Ronja, die Räubertochter, der fliegende Karlsson, der Lausbube Michel, die Kinder aus Bullerbü und viele mehr. Auf dieser Internetseite kann auch eine E-Mail mit Pippi Langstrumpf als Ansichtskarte verschickt werden.
Auf der Internetseite *www.pippilangstrumpf.de* veröffentlicht der Oetinger Verlag das Gesamtwerk von Astrid Lindgren.

Vorbemerkungen Sport

Um Ihrer Sportstunde ein Rahmenthema zu geben bzw. den Bezug zu Pippi Langstrumpf herzustellen, empfiehlt es sich, vor jeder Pippi-Übung gemeinsam mit den Kindern die Textstellen im Buch kurz zu erarbeiten oder sie vorzulesen.

„Rückwärts gehen"
Als Pippi in die Villa Kunterbunt einzog, waren Thomas und Annika nicht zu Hause. Sie haben deshalb nicht mitbekommen, dass jetzt jemand in der Nachbarvilla wohnt. Als die beiden mal wieder nicht wussten, was sie spielen sollten, erblickten sie Pippi, wie sie mit einem Bein auf dem Bürgersteig und mit dem anderen im Rinnstein die Straße entlangging. Nach einer Weile kam Pippi auf gleiche Weise wieder zurück. Allerdings lief sie jetzt rückwärts (Seite 15). Dieses Rückwärtslaufen von Pippi Langstrumpf lässt sich in der Turnhalle mit einem Geräteparcours leicht nachahmen. Bauen Sie aus umgedrehten Langbänken, Matten, Sprungbrettern, kleine Kästen o. Ä. zwei Bahnen (zwei Gruppen) auf, bei denen die Kinder mit einem Bein auf dem Gerät, mit dem anderen Bein auf dem Fußboden rückwärts entlang laufen. Bei den erhöhten Turngeräten strecken die Kinder das Bein beim Laufen auf dem Gerät aus, sodass die Beinmuskulatur gekräftigt wird. Beim Zurücklaufen können Hindernisse in Form von Hüttchen, Kastenteilen etc. aufgestellt werden, durch die Ihre Kinder in Schlangenlinien o. Ä. rückwärts zur Gruppe zurückkommen. Bein wechseln!

„Schlittschuhlaufen"
Thomas und Annika hatten Scheuerferien. Pippi fand es ungerecht, dass sie keine Scheuerferien hatte, obwohl ihr Fußboden es besonders nötig gehabt hätte, gescheuert zu werden. So band Pippi zwei Scheuerbürsten an ihre bloßen Füße und lief über den Fußboden Schlittschuh (Seite 96). Die Turnhalle eignet sich hervorragend zum Schlittschuhlaufen. Zwar können die Kinder keine „Scheuerbürsten" wie Pippi oder Schlittschuhe anziehen, aber mit Strümpfen lässt sich die Schlittschuhbewegung gut nachahmen und Ihre Kinder können herrlich rutschen. Zu Beginn der Sportstunde rutscht es sich leichter, weil die Strümpfe der Kinder vom vielen Toben noch nicht feucht sind. Mit fetziger Musik (fragen Sie die Kinder nach ihren Wünschen) oder mit Pippi Langstrumpf-Musik, macht das Schlittschuhlaufen in der Turnhalle besonders viel Spaß.

Im Zirkus
Pippi ging mit Thomas und Annika das erste Mal in den Zirkus. Da Pippi auch ihren Spaß im Zirkus haben wollte und es ihr sehr schwer fiel, ruhig auf dem Platz sitzen zu bleiben, sprang sie zur Seiltänzerin Miss Elvira auf das Seil (Seite 123). Später kämpfte Pippi noch gegen den starken Adolf (Seite 126).
Seiltanzen: Auf einem Schwebebalken, umgedrehten Langbänken oder einfach nur auf den Strichen am Boden lässt es sich wunderbar Seiltänzerin / Seiltänzer spielen. Mit Requisiten wie z. B. einen Regenschirm und Musik kann dann die Vorstellung beginnen.
Wer ist der Stärkste? Besonders den Jungen werden die Kraftwettkämpfe auf einer Weichbodenmatte viel Spaß bereiten.

„Nicht den Fußboden berühren"
An Pippis Geburtstagsfeier spielen Thomas, Annika und Pippi das Spiel „Nicht den Fußboden berühren" (Seite 197). Dieses Spiel lässt sich sowohl im Klassenzimmer als auch in der Turnhalle toll durchführen. Im Klassenzimmer werden Tische und Stühle so aufgestellt, dass die Kinder problemlos von einem Möbelstück zum anderen klettern können. In der Turnhalle werden Teppichfliesen oder Zeitungspapier in einem verkleinerten Feld ausgelegt, Langbänke verteilt - gerne können einige Langbänke verkehrt herum stehen - und Geräte wie kleine Kästen, Trampolin, Sprungbretter, Matten, Weichbodenmatte, Stufenbarren und einen niedrigen Schwebebalken o. Ä. aufgestellt. Die Kinder balancieren nun auf den Geräten herum, ohne den Fußboden zu berühren. Mit fetziger Musik

Vorbemerkungen

sowohl im Klassenzimmer als auch in der Turnhalle macht es den Kindern besonders viel Spaß, den Balanceparcours zu überwinden.

Pippi Langstrumpf-Tanz
Folgender einfacher Tanz lässt sich gut auf die fetzige Musik „Hey, Pippi Langstrumpf" von der Gruppe „Go Go" oder auf die Titelmelodie von Pippi Langstrumpf einüben. Damit die Kinder immer im gleichen Takt / Schritt bleiben und zur Erleichterung wird bei der Choreographie (Refrainteil) immer auf acht gezählt.

Tanzschritte zum Refrain „Hey, Pippi Langstrumpf ...":
Vier Schritte vor laufen – beim vierten Schritt dabei in die Hände klatschen,
vier Schritte zurück laufen – wieder beim vierten Schritt in die Hände klatschen.
Wiederholung: Vier Schritte vor – vier Schritte zurück.
Anschließend zwei Jumping Jacks: (Ein Jumping Jack besteht aus 1-4)

Schlussteil: Vier Schritte auf der Stelle gehen – vier Schritte im Kreis links herum gehen.

Während des ruhigeren Teiles des Liedes „Ich hab` ein Haus, ein Äffchen und ..." kicken die Kinder abwechselnd ihre Beine nach vorne und zur Seite und drehen sich dabei im Kreis herum. Körperbewegungen wie z. B. „Ein Haus bilden", „Aus dem Fenster herausschauen" o. Ä. unterstützen die Kickbewegung der Beine. Wer es sich schon zutraut, kann anschließend ein Rad schlagen, auf den Händen laufen, durch die Turnhalle hüpfen oder einfach „Pippi sein" spielen. Rechtzeitig vor Beginn des Refrainteils „Hey, Pippi Langstrumpf ..." sollen sich die Kinder wieder an der Ausgangsposition einfinden. Das Ganze beginnt wieder von vorne.

Vorbemerkungen Kunst

Schwedische Fahne zeichnen
Astrid Lindgren lebte in Schweden und hat auch die Geschichten von dem merkwürdigen Mädchen Pippi Langstrumpf in Schweden geschrieben. Demzufolge bietet es sich an, dass die Kinder eine schwedische Fahne (blaues Kreuz auf einem gelben Hintergrund) auf ein DIN A4-Blatt mit Wasserfarben zeichnen. Vor dem Zeichnen empfiehlt es sich, die Kinder das Land Schweden auf dem Globus oder im Atlas suchen zu lassen. Finden Ihre Kinder vielleicht auch die schwedische Fahne im Atlas?

Pippi Langstrumpf und Herr Nilsson auf der Fensterglasscheibe
Zur Verschönerung des Schulgeländes oder des Klassenzimmers kann Pippi Langstrumpf und Herr Nilsson mit Fingerfarben und / oder mit Fenstermalfarben auf die Fensterglasscheibe gemalt werden. Sicherlich können Ihre Kinder wunderschöne Pippis und Äffchens freihändig malen.

Kunstprojekt: Pippi Langstrumpf
Jeder weiß, wie Pippi Langstrumpf aussieht und trotzdem gibt es verschiedene Abbildungen von ihr. Ihnen allen gemeinsam sind aber die rötlich abstehenden Zöpfe von Pippi. Eine Aufgabe für ihre Kinder wäre, dass sie Pippi Langstrumpf auf ein DIN A3 großes Papier freihändig zeichnen, so wie Astrid Lindgren sie im Buch auf Seite 14 beschreibt. Dabei sollen Ihre Kinder möglichst das ganze Blatt zum Zeichnen ihrer Pippi-Figur verwenden und sich an die farblichen Angaben im Buch halten. Die Kinder können frei wählen, ob sie Buntstifte, Filzstifte oder Wasserfarben für ihr Kunstwerk benutzen. Oder vielleicht werden zwei Farbstile / Materialien (z. B. Wasserfarben und Filzstifte) miteinander kombiniert. Anschließend wird die gezeichnete Figur von Pippi Langstrumpf ausgeschnitten und auf ein weiteres DIN A3 großes Papier mittig aufgeklebt. Dieses Blatt wurde zuvor wie folgt mit Farbe bearbeitet und trocknen gelassen: Mit einem Schwamm o. Ä. wird das Papier zunächst mit Wasser befeuchtet. Anschließend wird wenig blaue, rote, gelbe oder eine andere Wunschfarbe unregelmäßig auf das feuchte Papier gestrichen oder getupft, sodass die verdünnte Farbe mit Wasser ineinander verläuft. Die dabei entstehenden leichten farbigen Schattierungen geben dem Papier einen besonderen Charakter.

Pippi im Zirkus (Seite 114)
Pippi geht mit Annika und Thomas in den Zirkus. Alternative zu dem oben beschriebenen Kunstprojekt von Pippi Langstrumpf wäre, dass Ihre Kinder ein Zirkuszelt oder eine Manege mit Pippi, Annika, Thomas, Tieren, Clowns und … zeichnen. Wie oben arbeiten die Kinder mit zwei DIN A3 großen Blättern. Auf dem einen Blatt werden die Figuren gezeichnet und ausgeschnitten, das andere dient als Hintergrund und wird wie oben erklärt hergestellt.

Titelmelodie von Pippi Langstrumpf

Zwei mal drei macht vier,
widde widde witt und drei macht neune,
ich mach' mir die Welt, widde widde wie sie mir gefällt.

Hey Pippi Langstrumpf, trallali – trallalo – tralla - hoppsasa
Hey Pippi Langstrumpf, die macht was ihr gefällt!

Drei mal drei macht sechs,
widde widde wer will's von mir lernen?
Alle, groß und klein, tralla lalla lad' ich zu mir ein.

Ich hab' ein Haus,
ein kunterbuntes Haus,
ein Äffchen und ein Pferd,
die schauen dort zum Fenster raus,
ich hab' ein Haus,
ein Äffchen und ein Pferd,
und jeder, der uns mag,
kriegt unser Einmaleins gelehrt.

Zwei mal drei macht vier, widde widde witt und drei macht neune,
wir machen uns die Welt, widde widde wie sie uns gefällt.

Drei mal drei macht sechs, widde widde wer will's von uns lernen?
Alle, groß und klein, tralla lalla lad' ich zu uns ein.

Entstehung der Geschichte von Pippi Langstrumpf

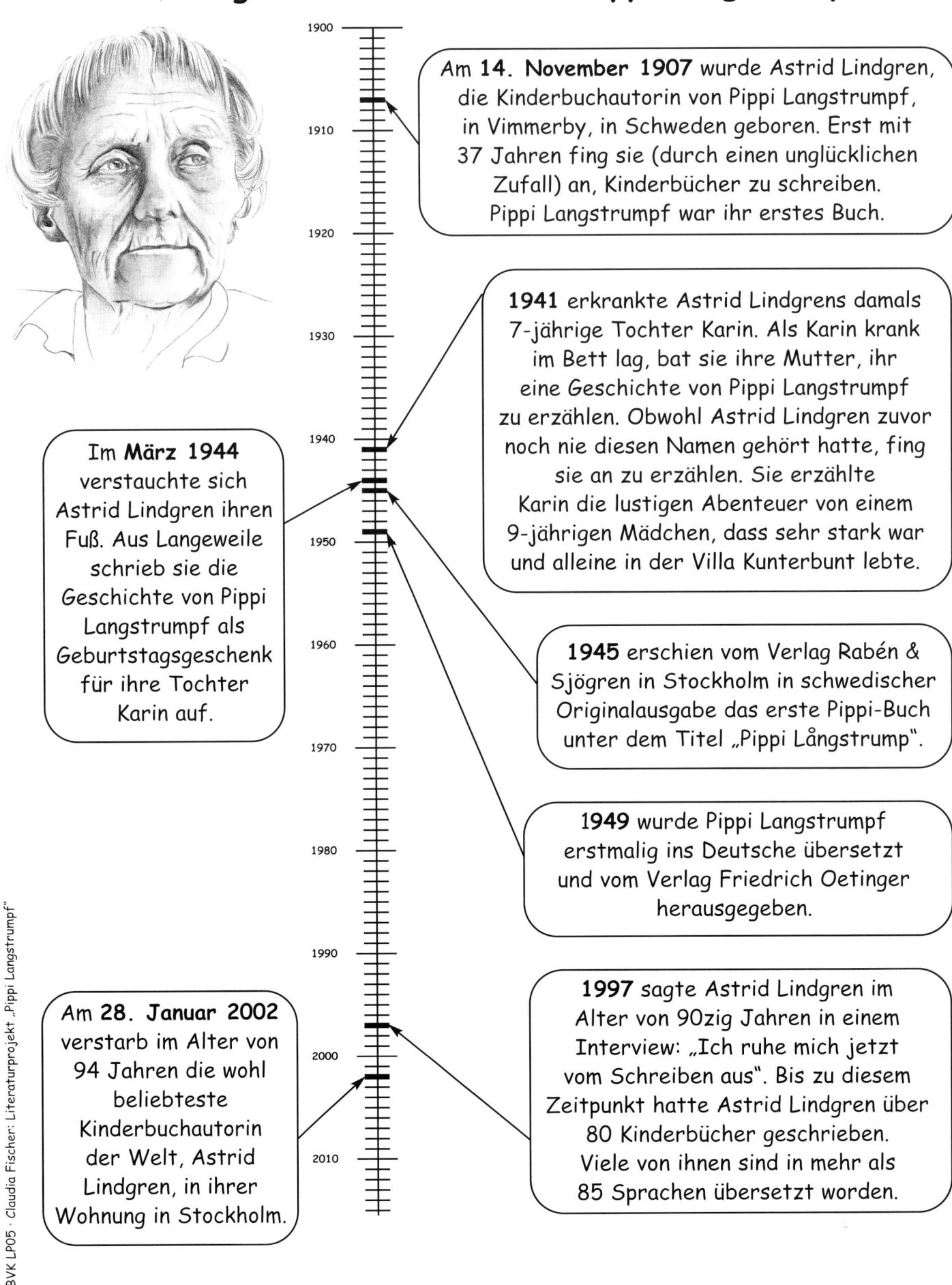

Am 14. November 1907 wurde Astrid Lindgren, die Kinderbuchautorin von Pippi Langstrumpf, in Vimmerby, in Schweden geboren. Erst mit 37 Jahren fing sie (durch einen unglücklichen Zufall) an, Kinderbücher zu schreiben. Pippi Langstrumpf war ihr erstes Buch.

1941 erkrankte Astrid Lindgrens damals 7-jährige Tochter Karin. Als Karin krank im Bett lag, bat sie ihre Mutter, ihr eine Geschichte von Pippi Langstrumpf zu erzählen. Obwohl Astrid Lindgren zuvor noch nie diesen Namen gehört hatte, fing sie an zu erzählen. Sie erzählte Karin die lustigen Abenteuer von einem 9-jährigen Mädchen, dass sehr stark war und alleine in der Villa Kunterbunt lebte.

Im **März 1944** verstauchte sich Astrid Lindgren ihren Fuß. Aus Langeweile schrieb sie die Geschichte von Pippi Langstrumpf als Geburtstagsgeschenk für ihre Tochter Karin auf.

1945 erschien vom Verlag Rabén & Sjögren in Stockholm in schwedischer Originalausgabe das erste Pippi-Buch unter dem Titel „Pippi Långstrump".

1949 wurde Pippi Langstrumpf erstmalig ins Deutsche übersetzt und vom Verlag Friedrich Oetinger herausgegeben.

1997 sagte Astrid Lindgren im Alter von 90zig Jahren in einem Interview: „Ich ruhe mich jetzt vom Schreiben aus". Bis zu diesem Zeitpunkt hatte Astrid Lindgren über 80 Kinderbücher geschrieben. Viele von ihnen sind in mehr als 85 Sprachen übersetzt worden.

Am 28. Januar 2002 verstarb im Alter von 94 Jahren die wohl beliebteste Kinderbuchautorin der Welt, Astrid Lindgren, in ihrer Wohnung in Stockholm.

Interessantes über mein Lieblingsbuch

Astrid Lindgren hat sich die lustigen Geschichten von „Pippi Langstrumpf" ausgedacht und aufgeschrieben. Sie ist die **Autorin** des Buches „Pippi Langstrumpf". Die Überschrift eines Buches nennt man auch **Titel**. „Pippi Langstrumpf" ist der Titel des Buches, das du gemeinsam mit deiner Klasse liest. Im Buch „Pippi Langstrumpf" findest du auch Zeichnungen, die zu Pippi und ihren Geschichten passen. Walter Scharnweber hat die Bilder in deinem Pippi-Buch gezeichnet. Er ist der Illustrator des Buches „Pippi Langstrumpf".

1. Wie viele Bilder hat der Illustrator Walter Scharnweber im Buch „Pippi Langstrumpf" gezeichnet? Das Bild auf dem Einband gehört natürlich dazu.

In einer Firma werden die Texte der Geschichten und die passenden Zeichnungen auf Buchseiten gebracht. Dies macht der **Verlag**. Der Verlag, der das „Pippi Langstrumpf"-Buch herausgebracht hat, heißt Verlag Friedrich Oetinger. Den Namen des Verlages findest du wie den Autor und den Titel auf dem **Einband**. Als Einband bezeichnet man die Vorder- und Rückseite des Buches. Der Einband hält die einzelnen Buchseiten zusammen, sodass sie nicht auseinander fallen. Bevor das Buch gedruckt wird, werden die Geschichten auf Fehler untersucht. Den Fehlersucher nennt man **Lektor**.

2. Du hast jetzt vieles über das Buch „Pippi Langstrumpf" erfahren. Hast du ein Lieblingsbuch? Schaue dir den Einband von deinem Lieblingsbuch an und trage die Angaben unten ein.

Titel: _____

Autor: _____

Verlag: _____

Illustrator: _____

Seitenzahl: _____

3. Stelle dein Lieblingsbuch deinen Mitschülerinnen und deinen Mitschülern vor.
Wie heißt dein Buch? Wer hat es geschrieben?
Wo wurde es hergestellt?
Wer hat die Bilder gezeichnet? Aus wie vielen Seiten besteht dein Lieblingsbuch?

Hier kannst du ein Foto oder eine Zeichnung deines Lieblingsbuches einkleben.

Wie du dich in deinem Buch zurechtfindest (Teil 1)

Die Autorin Astrid Lindgren hat ihr Buch „Pippi Langstrumpf" in mehrere Pippi-Geschichten eingeteilt. Die einzelnen Geschichten nennt man **Kapitel**.
Zu jedem Kapitel gehört auch eine Überschrift, die **Kapitelüberschrift**.

Am Anfang eines Buches stehen Kapitelüberschriften und **Seitenzahlen**, auf denen die neuen Geschichten beginnen. Dies nennt man **Inhaltsverzeichnis**.

1. Schreibe auf, wie viele Kapitel dein Buch „Pippi Langstrumpf" hat. (Seite 5)

_____

2. Schreibe die Kapitelüberschriften und die Seitenzahlen, auf denen die Kapitel beginnen, auf.
Kreise dann in den Kapitelüberschriften die gesuchten Buchstaben ein.

ERSTES KAPITEL (Kreise den 18. Buchstaben ein)   Seite _____

_____

ZWEITES KAPITEL (Kreise den 11. Buchstaben ein)   Seite _____

_____

_____

DRITTES KAPITEL (Kreise den 14. Buchstaben ein)   Seite _____

_____

VIERTES KAPITEL (Kreise den 6. Buchstaben ein)   Seite _____

_____

FÜNFTES KAPITEL (Kreise den 6. Buchstaben ein)   Seite _____

_____

_____

Wie du dich in deinem Buch zurechtfindest (Teil 2)

SECHSTES KAPITEL (Kreise den 15. Buchstaben ein)   Seite _____

_____

SIEBTES KAPITEL (Kreise den 17. Buchstaben ein)   Seite _____

_____

ACHTES KAPITEL (Kreise den 22. Buchstaben ein)   Seite _____

_____

NEUNTES KAPITEL (Kreise den 12. Buchstaben ein)   Seite _____

_____

ZEHNTES KAPITEL (Kreise den 4. Buchstaben ein)   Seite _____

_____

ELFTES KAPITEL (Kreise den 6. Buchstaben ein)   Seite _____

_____

3. Trage deine eingekreisten Buchstaben hier ein. Dann erhältst du das Lösungswort.

1. KAPITEL	2. KAPITEL	3. KAPITEL	4. KAPITEL	5. KAPITEL	6. KAPITEL	7. KAPITEL	8. KAPITEL	9. KAPITEL	10. KAPITEL	11. KAPITEL

Ergänze den Satz mit dem Lösungswort.

Astrid Lindgren schrieb die lustigen Abenteuer eines Mädchens namens Pippilotta Viktualia Rollgardina Pfefferminz Efraimstochter

_____ auf.

Pippis Lesestunde

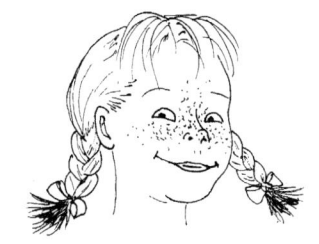

Diese

Urkunde

erhält

....

für gewissenhaftes Lesen des Buches

„Pippi Langstrumpf"

von Astrid Lindgren

und das Bestehen aller Pippi-Fragen.

Seite: 7-11

Arbeitsblatt 1
Pippis Haus

Das Buch „Pippi Langstrumpf" beginnt damit, dass ein merkwürdiges Mädchen erzählt, wer alles bei ihr im Haus wohnt.

1. Lies diese Seiten im Buch und fülle die Lücken aus.

In einer kleinen Stadt, ganz am Rand, stand ein altes _____

mit einem _____ Garten. In diesem Haus wohnte ein

Mädchen. Es hieß _____ _____. Sie war

_____ Jahre alt und wohnte mit Herrn _____, einem

_____, und mit einem _____ namens Kleiner

_____ dort. Die Eltern des Mädchens lebten nicht in dem

Haus.

Ihre Mama war im _____ und ihr Papa segelte über die

großen Meere. Er war _____. Das alte Haus hat der Papa von

_____ vor vielen Jahren gekauft. Er wollte dort mit seiner Tochter

wohnen. Doch dann geschah etwas Schreckliches. Er wurde ins _____

geweht. Und so kam es, dass _____ alleine in die _____

_____ einzog. So hieß dieses alte Haus.

2. Schreibe auf, wo du wohnst. Hast du zu Hause einen Balkon, einen Garten oder eine Terrasse? In welcher Straße wohnst du? Wer wohnt alles bei euch? Deine Eltern, deine Großeltern, deine Geschwister? Hast du vielleicht auch ein Haustier?

_____
_____
_____
_____

Seite: 14

Arbeitsblatt 2
Ein merkwürdiges Mädchen

Die Geschwister Thomas und Annika wohnten in dem Haus neben der Villa Kunterbunt. Bevor Pippi in die Nachbarsvilla einzog, hatten sich Thomas und Annika oft einen Spielkameraden gewünscht. Als Pippi zum ersten Mal die Villa Kunterbunt betrat waren Thomas und Annika nicht zu Hause. Nach ihrer Rückkehr wussten sie deshalb nicht, dass jetzt jemand in der Villa Kunterbunt lebt. Als es den beiden wieder einmal langweilig war und sie nicht wussten, was sie spielen sollten, wurde auf einmal die Gartentür zur Villa Kunterbunt geöffnet. Heraus kam das merkwürdigste Mädchen, das Thomas und Annika je gesehen hatten. Es war Pippi Langstrumpf.

Hoppla, der Bücherwurm hatte Hunger und hat hier einige Wörter verschluckt. Wenn du wissen willst, wie das merkwürdige Mädchen aussah, lies die Seite 14 und fülle die Lücken aus.

„Ihr Haar hatte dieselbe Farbe wie eine _____ und war in zwei feste _____ geflochten, die vom _____ abstanden. Ihre _____ hatte dieselbe Form wie eine ganz _____ und war völlig von _____ übersät. Unter der Nase saß ein wirklich _____ _____ mit gesunden _____ _____.

Ihr _____ war sehr komisch. Pippi hatte es selbst _____. Es war wunderschön _____; aber weil der _____ nicht gereicht hatte, war es zu _____, und so guckte eine _____ mit _____ _____ darunter hervor.

An ihren langen dünnen _____ hatte sie ein Paar lange _____, einen _____ und einen _____. Und dann trug sie ein Paar _____ _____, die genau doppelt so groß waren wie ihre _____."

(aus Astrid Lindgren: „Pippi Langstrumpf", Einzelband, Verlag Friedrich Oetinger, Hamburg 1986, Seite 14)

Arbeitsblatt 3
Die vier besten Freunde von Pippi

Seite: 10-15

Pippi lebte ohne ihren Papa und ohne ihre Mama in der Villa Kunterbunt. Aber ganz alleine wohnte sie nicht in der Villa. Zwei ihrer besten Freunde, Herr Nilsson und das Pferd Kleiner Onkel, waren bei ihr.

1. Beschreibe, wie Pippis bester Freund, Herr Nilsson, aussieht. (Seite 15)

_____

_____

Pippi hatte noch zwei weitere beste Freunde, mit denen sie jeden Tag lustige Spiele spielte. Die beiden Geschwister Thomas und Annika wohnten mit ihren Eltern Mama und Papa Settergren in dem Haus neben der Villa Kunterbunt. Thomas und Annika waren sehr froh, eine so lustige Spielkameradin wie Pippi zu haben.

2. Schreibe auf, was für ein Junge Thomas ist. (Seite 12)

_____

_____

3. Nun zu Pippis bester Freundin Annika. Was für ein Mädchen ist sie? (Seite 12)

_____

_____

4. Hast du auch einen besten Freund oder eine beste Freundin? Oder vielleicht wie Pippi sogar mehrere beste Freunde? Erzähle jemanden, den du magst, von deinen besten Freunden. Was macht ihr alles zusammen?

5. Schreibe auf, wie dein bester Freund oder deine beste Freundin ist. Warum seid ihr Freunde?

_____

_____

_____

_____

Foto / Zeichnung von meinem Freund, meiner Freundin.

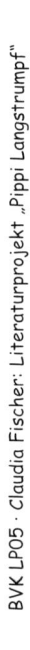

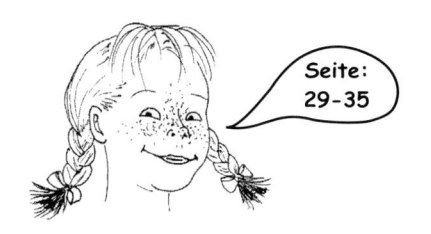

Arbeitsblatt 4
Pippi als Sachensucher

Seite: 29-35

1. Thomas und Annika besuchten am nächsten Morgen Pippi in der Villa Kunterbunt. Thomas fragte Pippi: (Seite 29)

„_____?"

2. Pippi sagte zu Thomas und Annika: „_____
_____
_____
_____."

3. Thomas wollte wissen, was ein Sachensucher ist. Kannst du es ihm erklären?

_____

4. Was sagte Pippi, was man als Sachensucher alles finden kann? (Seite 29 / 30)

_____
_____

5. Pippi, Annika und Thomas machten sich als Sachensucher auf den Weg. Schreibe auf, was Pippi als Sachensucher alles fand. Was kann man mit den Sachen alles machen?

Seite 32: _____
_____

Seite 33: _____
_____

Seite 35: _____
_____

Arbeitsblatt 5
Prügelei

Seite: 35-39

Pippi half dem kleinen Willi, als fünf größere und stärkere Jungen ihn verprügelten.
Ihr Anführer war der schreckliche Benno.

1. Erzähle deinen Mitschülern, wie du Bennos Verhalten findest.

2. Kreuze an, was Pippi mit diesen fünf Jungen machte. (Seite 38)

   ☐ Pippi setzte einen Raufbolden auf ein Dach.
   ☐ Pippi hängte zwei Jungen auf zwei verschiedene Äste einer Birke auf.
   ☐ Pippi grub einen Jungen in den Boden ein.
   ☐ Pippi setzte einen Jungen auf einen Torpfosten.
   ☐ Pippi warf einen Jungen über einen Zaun.
   ☐ Pippi schloss zwei Raufbolde im Zimmer ein.
   ☐ Pippi setzte einen Raufbold in eine ganz kleine Spielzeugkarre.
   ☐ Pippi hängte einen Jungen an einer Wäscheleine auf.

3. Wie kannst du jemandem helfen, wenn du siehst, dass stärkere Kinder auf einen Schwächeren losgehen? Wie hilfst du dir selbst, wenn du in eine solche „Prügelei" gerätst?

   _____
   _____

4. Wie kam es dazu? Hast du Hilfe bekommen? Oder schauten deine Freunde nur zu oder ließen dich sogar allein? Wie fühltest du dich dabei?

   _____
   _____
   _____
   _____

Arbeitsblatt 6
Pippi spielt Fangen

Seite: 45-55

Eines schönen Nachmittags hatte Pippi ihren Glückstag. Sie bekam von zwei Polizisten Besuch. Die Polizisten wollten Pippi in ein Kinderheim bringen. Aber Pippi sagte, sie würde schon in einem Kinderheim wohnen und wolle nicht mitgehen. Einer der Polizisten wurde deshalb wütend und griff Pippi am Arm. Er wollte sie mitnehmen. Pippi konnte sich aber schnell befreien und tippte ihn an (S. 50).

Sie sagte: „_____!"

Pippi spielte mit den beiden Polizisten Fangen. Bringe die Sätze in die richtige Reihenfolge, indem du die Nummern 1-7 in die Kästchen einträgst. Dann weißt du, wie Pippi mit den Polizisten Fangen spielte. (Seite 50-55)

☐ Die Polizisten holten eine Leiter, lehnten diese an die Villa Kunterbunt und kletterten zu Pippi auf das Dach.

☐ Pippi sprang auf das Verandageländer und war mit ein paar Sätzen auf dem Balkon.

☐ Auf der Erde rannte Pippi blitzschnell zur Leiter und nahm sie weg. Die Polizisten waren sehr erstaunt, als sie herunterklettern wollten. Die Leiter war weg.

☐ Die Polizisten kletterten die Leiter hinunter. Als sie unten waren, hatte Pippi keine Lust mehr, mit den Polizisten Fangen zu spielen. Sie packte die beiden Männer am Gürtel und trug sie auf die Straße hinaus.

☐ Als die Polizisten auf dem Balkon waren, sprang Pippi auf das Dach.

☐ Bevor die beiden Polizisten fast bei Pippi auf dem Dach waren, lief Pippi auf die andere Dachseite. Von dort aus sprang sie in eine grüne Baumkrone. Pippi ergriff einen Ast und ließ sich auf die Erde fallen.

☐ Einer der beiden Polizisten bat Pippi, sie solle doch wieder die Leiter hinstellen. Da Pippi ein nettes Mädchen war, tat sie das.

Seite: 63

Arbeitsblatt 7
Pippis Namen

Als Pippi das erste Mal in die Schule ging, wollte die Lehrerin ihren vollständigen Namen wissen.

1. Schreibe Pippis vollständigen Namen hier auf und lerne ihn auswendig.

   P _____

   V _____

   R _____

   P _____

   E _____   L _____

2. Wie wäre es, wenn du auch so einen lustigen Namen wie Pippi hättest?
   Schreibe die Buchstaben von deinem Vornamen untereinander auf und erfinde zu jedem Buchstaben einen lustigen Namen. Dein Nachname bleibt gleich.
   Lies deinen neuen vollständigen Namen deinen Mitschülern / Mitschülerinnen vor.

Seite: 71-74

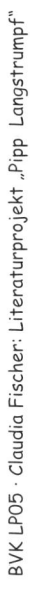

Arbeitsblatt 8
Schulferien

Als Pippi das erste Mal in die Schule ging, wurde ihr von den vielen Fragen der Lehrerin ganz schwindlig. Pippis Ansicht nach gab es in der Schule viel zu viele Äpfel, Igel und Schlangen. Sie meinte, sie würde lieber auf die Weihnachtsferien verzichten, als weiter in die Schule gehen zu müssen. Auf dem Schulhof drängten sich alle Kinder um sie. Pippi sagte zu den Kindern: „Ihr solltet in Argentinien in die Schule gehen. Dort gibt es viel längere Schulferien." (Seite 73 / 74) Schreibe auf, was sie sich über die Ferien in Argentinien ausgedacht hat.

1. Wann fangen in Argentinien die Osterferien an?

   _____

2. Wann beginnen dort die Sommerferien?

   _____

3. An welchem Tag hören die Sommerferien auf?

   _____

4. An welchem Datum beginnen die Weihnachtsferien?

   _____

5. An wie vielen Tagen gehen die Kinder in Argentinien im Jahr zur Schule?

   _____

Jetzt zu deinen Schulferien an deiner Schule. Du brauchst einen Kalender, in dem die Ferientermine eingetragen sind.

1. Wann beginnen und enden bei euch die Osterferien?

   _____

2. An welchem Tag hast du Sommerferien und wann hören sie auf?

   _____

3. Wie lange sind deine Sommerferien?

   _____

4. An welchem Tag beginnen deine Weihnachtsferien? Wann hast du wieder Schule?

   _____

Arbeitsblatt 9
Pippis besonderer Garten

Seite: 85-94

1. Vor der Villa Kunterbunt befand sich der Garten von Pippi.
   Schreibe auf, was es in Pippis Garten alles gab. (Seite 86)

   _____
   _____
   _____

2. Pippi machte Annika und Thomas den Vorschlag, auf einen Baum zu klettern. Welche Baumart war es?

   _____

3. Alle drei Kinder kletterten auf den Baum. Dort oben saßen sie sehr gemütlich. Pippi hatte eine Idee. (Seite 87)

   Pippi sagte: „_____
   _____."

4. Annika und Thomas freuten sich darüber und es dauerte nicht lange, bis Pippi mit den Sachen ankam. Als sie mit dem Kaffeetrinken fertig waren, fing Pippi an, den Baum höher hinaufzuklettern. (Seite 89)

   Auf einmal rief Pippi: „_____!"

5. Alle drei Kinder kletterten in den hohlen Baum. Thomas meinte, dass der hohle Baum von nun an das Versteck von Pippi, Annika und ihm sei.
   Hast du auch ein Versteck mit deinen Freunden?
   Schreibe auf, wo es sich befindet und wer alles davon weiß.

   _____
   _____
   _____
   _____

Arbeitsblatt 10
Pippi läuft Schlittschuh

(Seite: 95-96)

Thomas und Annika hatten schulfrei. Sie hatten Scheuerferien. Pippi fand es ungerecht, dass sie keine Scheuerferien hatte. Sie hätte so gerne Scheuerferien gehabt.

1. Für was brauchte Pippi die Scheuerferien? (Seite 95)

_____

2. Pippi konnte auch ohne Scheuerferien ihren Küchenfußboden scheuern. Willst du wissen, wie sie das gemacht hat? Dann lies die Seite 96 und setze die Wörter ein, die der Bücherwurm verschluckt hat.

„Pippi wärmte einen _____ _____ _____,

das sie dann einfach auf den _____ goss.

Nun zog sie ihre großen _____ aus und legte sie hübsch

ordentlich auf den _____. Danach band sie zwei

_____ an ihre bloßen _____ und lief

über den _____,

sodass es nur so spritzte, wenn sie durchs _____ pflügte.

„Ich hätte eigentlich _____ werden sollen",

sagte sie und hob ein _____ in die _____ hoch,

sodass die _____ an ihrem linken _____ ein

_____ der _____ kaputtschlug."

(aus Astrid Lindgren: „Pippi Langstrumpf", Einzelband, Verlag Friedrich Oetinger, Hamburg 1986, Seite 96)

3. Hast du auch schon einmal bei euch zu Hause den Fußboden geputzt oder gefegt? Oder hast du vielleicht schon in deinem Klassenzimmer sauber gemacht? Wenn ja, wie hast du es gemacht? War es schwierig?

_____

_____

Seite: 114-118

Arbeitsblatt 11
Pippi geht in den Surkus

1. Der Zirkus war in der Stadt. Aufgeregt liefen Thomas und Annika zu Pippi. Thomas war so schnell gelaufen, dass er keuchend Pippi fragte: (Seite 114)

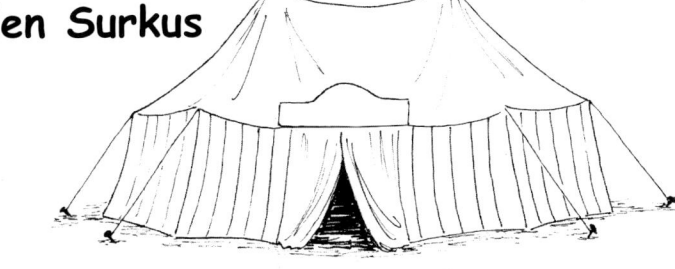

   „_____

   _____?"

2. Pippi wusste nicht, was ein Zirkus ist. Sie fragte Thomas: „Tut ein Surkus weh?" Kannst du Pippi erklären, was ein Zirkus ist? (Seite 115)

   _____

   _____

   _____

3. Pippi, Thomas und Annika gingen in den Zirkus. An der Kasse bezahlte Pippi mit einem Goldstück. Die Kinder bekamen drei Eintrittskarten. Wie sahen die Plätze von Pippi, Thomas und Annika aus? (Seite 118)

   _____

   _____

4. Male Thomas, Annika und Pippi vor einem Zirkuszelt. Wenn du magst, kannst du auch Tiere dazumalen.

> Seite: 119-133

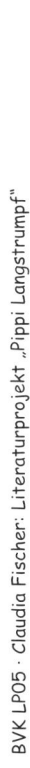

Arbeitsblatt 12
Pippi im Zirkus

Pippi, Thomas und Annika hatten im Zirkus ihre Plätze direkt vor der Manege. Dort saßen sie auf feinen, roten Stühlen. Plötzlich fing die Musikkapelle des Zirkus an zu spielen. Der Vorhang zum Künstlereingang wurde beiseite gezogen. Der Zirkusdirektor kam in die Manege.

1. Beschreibe, wie der Zirkusdirektor aussah. (Seite 119)

_____

2. Die Zirkusvorstellung begann. Welche Aufführungen sahen Pippi, Thomas und Annika? Was machte Pippi bei den einzelnen Nummern?
Schreibe in kurzen Sätzen auf.

Seite 119 / 120: _____

_____

Seite 121: _____

_____

Seite 123 / 124: _____

_____

_____

Seite 126 / Betrachte das Bild:

_____

_____

_____

_____

_____

_____

_____

_____

Arbeitsblatt 13
Die Diebe Donner-Karlsson und Blom

Seite: 134-147

1. Zwei unheimliche Diebe kamen an einem dunklen Herbstabend an der Villa Kunterbunt vorbei. Pippi war gerade dabei, ihre Goldstücke zu zählen, da klopfte es an der Tür (Seite 135).

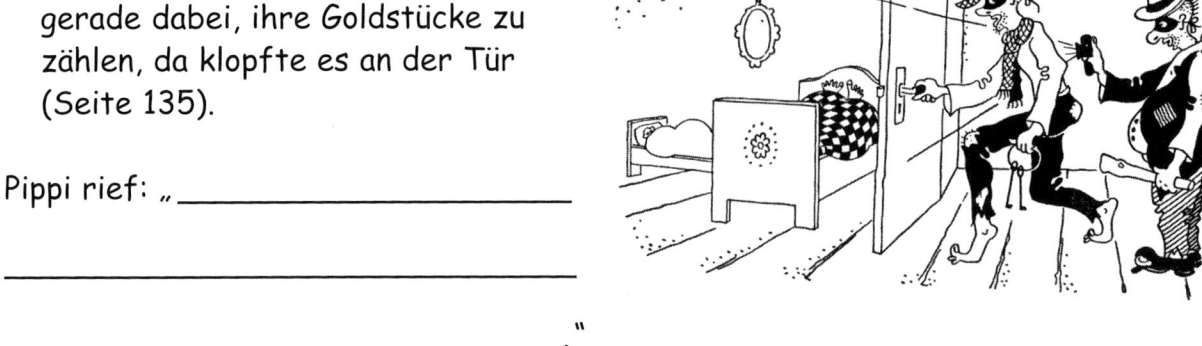

Pippi rief: „_____
_____
_____."

2. Die beiden Diebe Donner-Karlsson und Blom machten große Augen, als sie Pippi mit den vielen Goldstücken sahen. Sie blinzelten sich gegenseitig zu, was bedeutete, dass sie später wieder zurückkommen wollten. Sie waren so aufgeregt, dass sie Pippi fragten, was die Uhr ist. Erkläre den beiden Dieben, was die Uhr ist. (Seite 136)

_____
_____
_____

3. In der Nacht brachen Donner-Karlsson und Blom in die Villa Kunterbunt ein. Sie wollten Pippis Goldstücke rauben. Donner-Karlsson wollte wissen, wo Pippi ihre Goldstücke hatte. Kannst du den beiden Dieben weiterhelfen und ihnen sagen, wo sich Pippis Goldstücke befanden? (Seite 142)

_____

4. Den beiden Dieben gelang es nicht, Pippi den Koffer mit den Goldstücken zu rauben. Schreibe auf, was Pippi mit Donner-Karlsson und Blom in dieser Nacht machte. (Seite 144-146)

_____
_____
_____
_____

Arbeitsblatt 14
Pippi beim Kaffeekränzchen

Seite: 148-158

Pippi wurde von Thomas' und Annikas Mutter zum Kaffeekränzchen eingeladen. Als sie die tolle Nachricht erfuhr, war sie sehr nervös. Pippi hatte Angst, dass sie sich beim Kaffeekränzchen nicht benehmen könnte. Pünktlich um drei Uhr am Nachmittag stieg Pippi dann die Treppe zu Familie Settergrens Villa hinauf. Wegen des besonderen Anlasses hatte sich Pippi sehr fein gemacht. Ihr rotes Haar trug sie sogar offen. Zufrieden mit sich klingelte Pippi an die Tür.

1. Schreibe auf, wie Pippis Kaffeekränzchen verlief.

_____

_____

_____

_____

_____

_____

_____

_____

2. Wurdest du auch schon einmal zu einem feinen Kaffeekränzchen eingeladen? Wo fand es statt? Wer war alles eingeladen? Gab es einen besonderen Anlass dazu? Ist dir oder einer anderen Person beim Kaffeekränzchen ein Missgeschick passiert?

_____

_____

_____

_____

_____

Seite: 173-185

Arbeitsblatt 15
Der brennende „Wolkenkratzer"

1. Wie hoch war der „Wolkenkratzer" in der kleinen Stadt? (Seite 173)

   _____

2. Wie alt waren die beiden Jungen, die im brennenden „Wolkenkratzer" gefangen waren? (Seite 175)

   _____

3. Pippi bemerkte, dass die beiden Kinder in der Dachstube des brennenden „Wolkenkratzers" das Feuer nicht besonders lustig fanden. Sie fragte die Leute, die neben ihr standen: (Seite 177)

   „_____?"

4. Pippi sagte zu Herrn Nilsson: „Du bist so klug, Herr Nilsson, dass du jederzeit Professor werden könntest." (Seite 179) Warum sagte sie das? Was tat Herr Nilsson für dieses Lob?

   _____

   _____

   _____

5. Pippi rettete die beiden Jungen aus dem brennenden „Wolkenkratzer". Wie machte sie das? (Seite 180-183)

   _____

   _____

   _____

   _____

   _____

   _____

   _____

Seite: 186–207

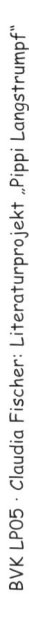

Arbeitsblatt 16
Geburtstagsfeier

Pippi lud Thomas und Annika zu ihrer Geburtstagsfeier ein.

1. In welchem Monat hat Pippi Geburtstag? (Seite 189) _____

2. In welchen Monat hat du Geburtstag? _____

3. Thomas und Annika brachten Pippi ein Geschenk mit. Was war es? (Seite 192)
   _____

4. Kannst du dich noch an deinen letzten Geburtstag erinnern? Was hast du alles geschenkt bekommen?
   _____
   _____

5. Bei der Geburtstagsfeier spielten die drei Kinder „Nicht den Fußboden berühren". Verbinde die Gegenstände in der Küche, auf denen Pippi, Annika und Thomas herumkletterten, mit Pfeilen. (Seite 198) Achte auf die richtige Reihenfolge.

   ```
   Herd            Tisch
        Holzkiste
                        Pferd
   Abwaschtisch
                 Hutablagebrett
   zwei Stühle
                    Eckschrank
   ```

6. Welche Spiele spielten die drei Kinder noch auf der Geburtstagsfeier?
   _____
   _____

7. Schreibe auf ein neues Blatt, was du mit deinen Freundinnen / Freunden an deinem Geburtstag gespielt hast. Welche Spiele spielst du gerne? Denke dir selbst Spielregeln aus.

Arbeitsblatt 17
Geschenke von Pippi

1. Als Thomas und Annika das erste Mal Pippi in der Villa Kunterbunt besuchten, zeigte Pippi den beiden all die Schätze, die sie mit ihrem Vater während ihrer Reise um die Erde gekauft hatte. Als Andenken gab Pippi Thomas und Annika ein kleines Geschenk. (Seite 22 / 23)

   Was schenkte Pippi Thomas? _____

   Was bekam Annika geschenkt? _____

2. Pippi, Annika und Thomas waren Sachensucher. Pippi fand einige Sachen, mit denen man etwas anfangen konnte. Annika und Thomas hatten zuerst Pech. Bis Pippi sagte, dass alte Bäume die allerbesten Stellen für einen Sachensucher sind. (Seite 40 / 41)

   Seite 40:

   Thomas steckte seine Hand in eine Vertiefung eines Baumstammes und zog ein

   feines N _____ mit einem

   L _____ heraus. Ein kleiner silberner B _____

   steckte in einer H _____ .

   Seite 41:

   Annika griff in einen alten Baumstumpf und zog eine rote K _____

   heraus.

3. An ihrem Geburtstag bekam nicht nur Pippi ein Geschenk, sondern sie schenkte ihren beiden Freunden auch etwas.

   Was schenkte Pippi Thomas? (Seite 193) _____

   _____

   Was bekam Annika geschenkt? (Seite 193 / 194) _____

   _____

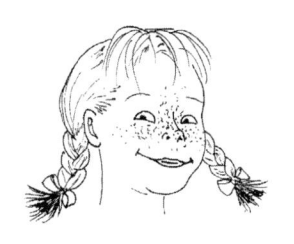

Arbeitsblatt 18
Wie heißt das Wort danach?

Hinweis										
Zwei Dinge nahm sie vom ... mit. (S. 10)	7									
Ich bin nämlich ein ... (S. 29)				14						
So lag sie da und wackelte nachdrücklich mit den ... (S. 43)			3							
„Komme ich gerade richtig zur ... ?" (S. 62)							5			
An Wochentagen bekamen sie sonst keinen ... (S. 88)		10								
„Heute brauchen wir nicht in die ... zu gehen" (S. 95)		9								
Und wirklich, da saß Herr Nilsson oben auf einer ... (S. 111)			11							
Und dann stampften sie mit den Füßen und klatschten in die ... (S. 124)			6							
Aber Pippi stand wie ein ... (S. 130)	1									
Auf dem Tisch stand eine große ... (S. 155)				12						
Ganz hoch oben im Haus unterm Dach war ein ... (S. 175)				2						
Nun war Pippi allein oben im ... (S. 183)			4							
Sie hatten natürlich ein ... für Pippi gekauft. (S. 188)			8							
Pippi ging voran. Sie machte die Tür zur ... auf. (S. 201)						13				

Trage die Buchstaben mit den Nummern hier ein.
Du erhältst das Lösungswort.

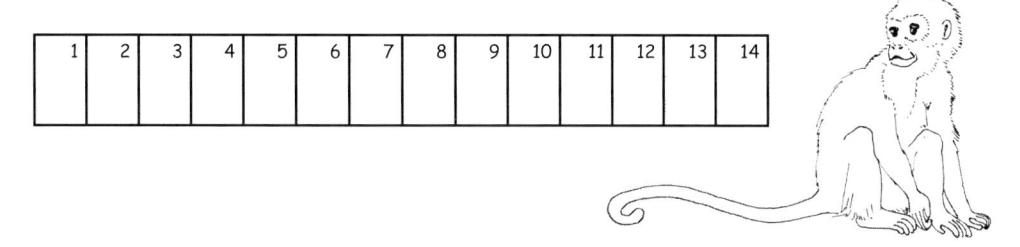

1	2	3	4	5	6	7	8	9	10	11	12	13	14

Arbeitskartenpass

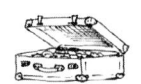

von _____

Arbeitskarte	erledigt
Viele Bücher und Spielfilme zu Pippi Langstrumpf	
Weiterschreibgeschichten von Pippi	
Freies Schreiben – Geschichten von Pippi Langstrumpf	
Rollenspiel: Pippi geht in die Schule	
Goldstücke zählen	
Goldstücke basteln	
Zirkusspielen mit den Kuscheltieren	
Laufdiktat	
Lesezeichen	
Diktattext	
Sachensucherbogen	
Kletterbaum	
Plutimikationspuzzle	
Zirkus	
Aufgaben der Feuerwehr	
Pippis Kreuzworträtsel	
Pippi kennt man auf der ganzen Welt	
Lesepuzzle	
Briefmarke von Pippi Langstrumpf	
Plutimikations-Rap	
Was Pippi so alles treibt	
Das Pippi Langstrumpf-Spiel	

Arbeitskarte

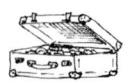

Viele Bücher und Spielfilme zu Pippi Langstrumpf

Astrid Lindgren hat zu Pippi Langstrumpf noch weitere lustige Geschichten von Pippi und ihren beiden Freunden Thomas und Annika geschrieben. Schreibe auf, wie die Pippi-Bücher heißen.

Die lustigen Geschichten von Pippi Langstrumpf wurden 1968 erstmalig verfilmt. Die Hauptrolle – Pippi Langstrumpf – wurde von Inger Nilsson gespielt. Inger Nilsson wurde am 04. Mai 1959 in Kisa, Östergötland, Schweden geboren.

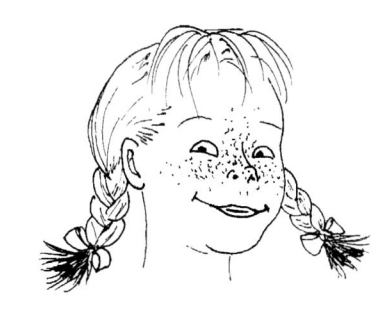

Schreibe auf, wie die Pippi-Spielfilme heißen, in denen Inger Nilsson die Hauptrolle spielt.

Infos bekommst du in jeder Buchhandlung oder auch unter: *www.efraimstochter.de*

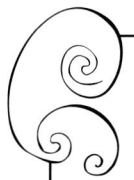

Arbeitskarte

Weiterschreibgeschichten von Pippi

Pippi hat viele lustige Abenteuer erlebt. Erfindet zusammen (6-8 Kinder) eine neue Geschichte von Pippi Langstrumpf. Allerdings dürft ihr nicht alle auf einmal an der Geschichte schreiben, sondern nur hintereinander.

So geht es:

1. Der erste Schreiber erfindet eine Überschrift und gibt den Anfang der Geschichte vor.
2. Der zweite Schreiber liest das Geschriebene und schreibt die Geschichte passend weiter.
3. Der Nächste liest die Geschichte von Pippi Langstrumpf und schreibt sie ein Stück weiter.
4. Dies macht ihr so lange, bis 6-8 Kinder an der Geschichte von Pippi Langstrumpf geschrieben haben. Der letzte von euch erfindet einen passenden Schluss.

Arbeitskarte

Freies Schreiben – Geschichten von Pippi Langstrumpf

Die Autorin Astrid Lindgren hat viele lustige Geschichten von „Pippi Langstrumpf" aufgeschrieben.

Erfinde eine Geschichte von dem merkwürdigen Mädchen und schreibe sie auf. Du kannst entweder eine eigene Überschrift erfinden oder eine der folgenden Überschriften verwenden:
- Pippi wird krank
- Pippi spielt Verkleiden
- Pippi fliegt zum Mond
- Pippi geht in die Turnstunde
- Wie Pippi, Thomas und Annika eine Fahrradtour machen
- Pippi, Annika und Thomas bauen sich ein Boot und segeln auf dem See

Aufgabe:
Lies deine Pippi-Geschichte deinen Mitschülerinnen / Mitschülern vor.

Arbeitskarte

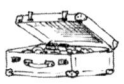

Rollenspiel: Pippi geht in die Schule

Pippi ging zum ersten Mal in die Schule. Was erlebte sie dort alles? Was sagte die Lehrerin zu Pippi? Was antwortete Pippi darauf?

Hast du Lust, das Kapitel „Pippi geht in die Schule" nachzuspielen? Dann suche dir einige Mitschülerinnen / Mitschüler, die mit dir das Kapitel nachspielen. Teilt unter euch die Rollen auf.
Wer ist die Lehrerin? Wer ist Pippi?
Wer ist Thomas? Wer ist Annika? Wer ist ...?

Wenn euch der Platz im Klassenzimmer nicht ausreicht, geht vor die Tür und probt dort euer Stück.
Spielt es der Klasse vor.

Arbeitskarte

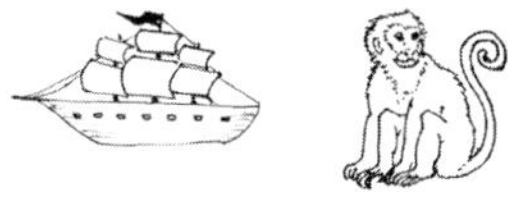

Goldstücke zählen

Pippi bewahrte ihre Goldstücke sorgfältig im Koffer auf dem Schrank auf. Der Ordnung wegen aber zählte sie regelmäßig die Goldstücke. Sie kippte den Koffer mit den Goldstücken auf dem Fußboden aus und fing an zu zählen. Pippi konnte nicht besonders gut zählen. So verzählte sie sich öfters und die Zahl 70 blieb ihr manchmal im Halse stecken. (Seite 135)

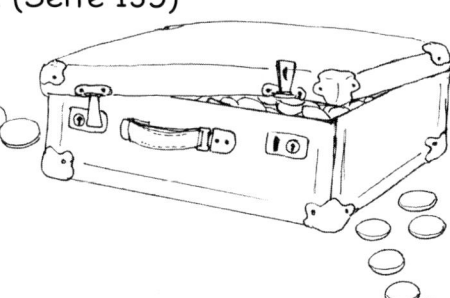

Kannst du besser zählen als Pippi?

Suche dir 2 bis 8 Mitschülerinnen / Mitschüler.
Beginnt bei 1 und zählt abwechselnd bis 1 000.
Habt ihr es ohne Fehler geschafft?
Erzählt es eurer Lehrerin / Lehrer.

Arbeitskarte

Goldstücke basteln

Pippi hatte einen ganzen Koffer voll Gold auf dem Schrank.

Willst du in deinem Klassenzimmer mit deinen Mitschülerinnen / Mitschülern auch einen Gold-Schatz aufbewahren?
Dann stellt gemeinsam Goldstücke her und sammelt sie in einem kleinen Koffer oder in einer Kiste.

Beschriftet den Koffer / die Kiste mit dem Wort GOLDSTÜCKE oder klebt einige Goldstücke an die Außenseite des Koffers / der Kiste.

Herstellung der Goldstücke: 
Zeichne mit einem Zirkel oder mit einem runden Gefäß kleine Kreise auf gelbes Fotokartonpapier und schneide sie sorgfältig aus.
Tipp: Achtet darauf, dass eure Goldstücke alle die gleiche Größe haben.

Arbeitskarte

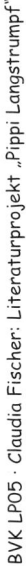

Zirkusspielen mit den Kuscheltieren

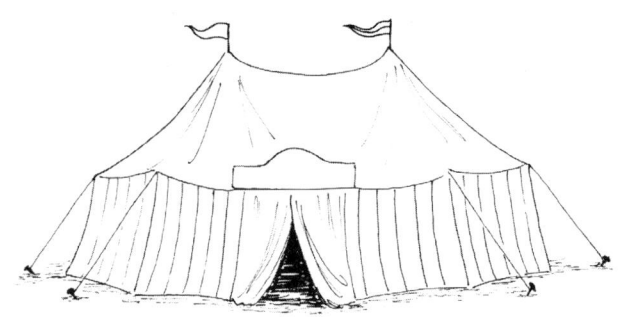

Für die Zirkusvorstellung brauchst du:
- eine Decke
- Kuscheltiere
- einen Clown
- Puppe als Pippi
- und was dir sonst noch einfällt

Breite die Decke im Klassenzimmer aus und spiele mit deinen Freundinnen / Freunden und mit den Kuscheltieren ZIRKUS.

Überlegt euch dazu Kunststücke und verteilt die Rollen (Zirkusdirektor, Dompteur, Hochseilartist, Clown …).
Probt den Ablauf und gestaltet eure Aufführung.

Arbeitskarte

Laufdiktat

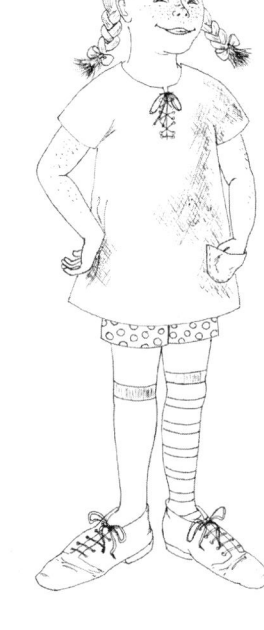

1. In der Villa Kunterbunt lebt Pippi Langstrumpf.

2. Pippi ist ein komisches Mädchen mit abstehenden Zöpfen.

3. Sie ist sehr stark und sieht lustig aus.

4. Ihr selbstgenähtes gelbes Kleid ist viel zu kurz.

5. Eine blaue Hose mit weißen Punkten guckt hervor.

6. An den Beinen trägt sie einen schwarzen und einen geringelten Strumpf.

7. In ihren viel zu großen Schuhen wackelt sie mit den Zehen.

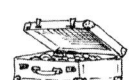

Arbeitskarte
Lesezeichen

Auf dieser Seite findest du zwei Lesezeichen.
Das erste kannst du farbig ausmalen. Das zweite kannst du ganz nach deinen
Ideen gestalten oder ein Bild von Pippi malen.

1. Entscheide dich für ein Lesezeichen-Motiv.
2. Male dein Lesezeichen sorgfältig aus.
3. Schneide dein Lesezeichen aus.
4. Laminiere dein Lesezeichen, so hält es viele Jahre.
5. Schneide dein laminiertes Lesezeichen noch einmal aus.
   Wenn du eine Schneidemaschine im Klassenzimmer hast, probiere es damit.
6. Drücke mit dem Locher ein Loch in die Ecke deines Lesezeichen.
7. Zum Schluss musst du nur noch ein Satinband (20 cm lang und 3 mm breit)
   mit einer kleinen Schleife durch das Loch ziehen.

Fertig ist dein Pippi-Lesezeichen.

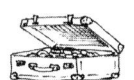

Arbeitskarte
Diktattext (Teil 1)

Ein komisches Mädchen

Pippi Langstrumpf ist neun Jahre alt und lebt mit ihrem Affen und einem Pferd in der Villa Kunterbunt. Sie ist das stärkste Mädchen auf der Welt und sieht sehr lustig aus. An ihrem Kopf hat Pippi zwei abstehende Zöpfe, die dieselbe Farbe wie eine Möhre haben. Sie trägt ein selbst genähtes gelbes Kleid, das ihr viel zu kurz ist. Unter dem Kleid guckt eine blaue Hose mit weißen Punkten hervor. An ihren Beinen trägt sie zwei verschiedene Strümpfe. Einen geringelten und einen schwarzen. Ihre Schuhe sind viel zu groß, damit sie mit den Zehen wackeln kann.

1. Im Text findest du 20 Lernwörter für dein Pippi Langstrumpf-Diktat. Suche sie und unterstreiche die Lernwörter mit deiner Lieblingsfarbe.

selbst genähtes	Möhre	Strümpfe	groß	Zöpfe
lustig	wackeln	Affe	Zehen	stärkste
Mädchen	abstehende	komisches	geringelten	guckt
Farbe	verschiedene	lebt	Kleid	Pferd

2. Die folgenden Adjektive (Wiewörter) beschreiben im Diktattext, wie Pippi aussieht. Schreibe die Adjektive in der Vergleichsform auf. Fahre die Endungen in der Steigerungsform farbig nach. Was fällt dir dabei auf?

alt	älter	am ältesten
lustig		am
kurz		am
groß		am

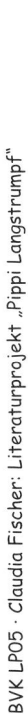

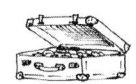

Arbeitskarte
Diktattext (Teil 2)

3. Suche in deinem Pippi Langstrumpf-Text 10 Nomen (Namenwörter) und schreibe sie mit Artikel (Begleiter) in der Einzahl und in der Mehrzahl auf.

Einzahl	Mehrzahl
der Affe	die Affen

4. Manchmal, wenn Pippi spricht, hört es sich sehr lustig an. Erfinde mit den Lernwörtern fünf Kaspersätze (lustige Sätze) und schreibe sie auf. Du darfst die Lernwörter verändern und auch eigene Wörter verwenden.

Beispiel: Die selbst genähte Möhre hat abstehende Zehen.

_____
_____
_____
_____
_____

Arbeitskarte
Sachensucherbogen

Pippi, Thomas und Annika fanden als Sachensucher lauter „nützliche" Dinge.
Du bist nun auch ein Sachensucher und suchst in der Nähe deines Wohnortes
„Sachen", die andere Menschen nicht mehr brauchen.
Was hast du alles gefunden?
Fülle danach den Sachensucherbogen aus.

Name des Sachensuchers: _____

Die Sachen wurden gefunden am _____

1. Wie viele Sachen wurden gefunden? _____

2. Was wurde gefunden? Wo wurden die Sachen gefunden?

_____

_____

_____

3. Was kann man alles mit den Sachen machen?

_____

_____

_____

4. Male in den Kasten eine oder mehrere Sachen, die du gefunden hast.

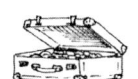

Arbeitskarte
Kletterbaum

Thomas und Annika kletterten mit Pippi auf eine Eiche. Dort oben war es sehr gemütlich und die drei Kinder tranken Kaffee. Danach entdeckten sie, dass der Baum hohl war und Pippi, Annika und Thomas kletterten nacheinander in den Baum. Für Annika und Thomas war es ein aufregendes Erlebnis.

Erfinde eine Geschichte vom Kletterbaum. Schreibe in jede Zeile einen Satz, der mit dem Großbuchstaben anfängt.

Kletterbaum

K _____
L _____
E _____
T _____
T _____
E _____
R _____
B _____
A _____
U _____
M _____

Arbeitskarte
Plutimikationspuzzle

230	410	700
240	650	390
300	580	210
380	200	440

Arbeitskarte
Plutimikationspuzzle

9 · 60 + 40	8 · 40 + 90	6 · 30 + 50	7 · 20 + 70
4 · 80 + 70	5 · 70 + 90	3 · 90 + 30	8 · 80 + 60
5 · 40 + 40	6 · 50 + 80	9 · 70 + 20	2 · 70 + 60

Arbeitskarte
Zirkus

Pippi ging mit Thomas und Annika das erste Mal in den Zirkus. Dort kämpfte sie gegen den starken Adolf. Aber auch Miss Carmencita auf dem Pferderücken und Miss Elvira, die Seiltänzerin, wird von Pippi ganz schön herumgescheucht. Denn Pippi konnte sich einfach nicht benehmen und still auf dem Platz sitzen bleiben.

1. Warst du auch einmal im Zirkus? Wenn ja, mit wem warst du dort? Was hast du alles gesehen? Welche Tiere gab es im Zirkus? Waren sie gefährlich? Wenn nein, wie würdest du dir einen Zirkus vorstellen? Welche Tiere könnte es dort geben?

   _____
   _____
   _____
   _____

2. Kannst du auch ein Kunststück oder etwas Ähnliches? Schreibe auf, was du kannst. Wo hast du es gelernt? War es schwer zu lernen. Hast du es schon einmal vor einem großen Publikum vorgeführt?

   _____
   _____
   _____

3. Führe dein Kunststück wenn möglich deinen Klassenkameradinnen / Klassenkameraden vor.

4. Du und deine Mitschülerinnen / Mitschüler seid im Zirkus. Sucht euch eine ruhige Ecke im Klassenzimmer und spielt ZIRKUS.

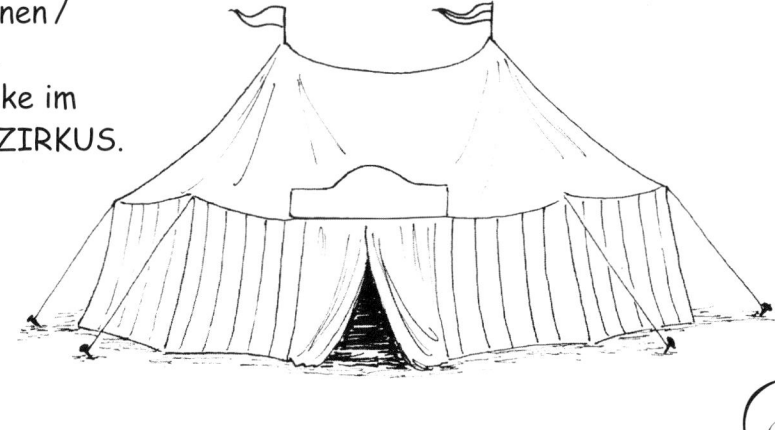

Arbeitskarte
Aufgaben der Feuerwehr

Im Erdgeschoss des „Wolkenkratzers" der kleinen Stadt, in der Pippi Langstrumpf lebt, begann es zu brennen. Die Feuerwehrmänner hatten sehr viel Mühe, die Flammen zu löschen. Ganz oben, unterm Dach waren zwei kleine Kinder, die um Hilfe riefen. Die Feuerwehrmänner hatten zwar eine Leiter, aber sie reichte nicht bis an das Dachzimmer. Und in das Haus hineinzugehen, um die beiden Jungen zu retten, war für die Feuerwehrmänner unmöglich. Zum Glück hatte Pippi eine Idee und konnte mit Hilfe von Herrn Nilsson die beiden Jungen aus dem brennenden „Wolkenkratzer" retten.

In der heutigen Zeit hätten die Feuerwehrmänner die beiden Jungen ohne Pippis Hilfe retten können. Die Ausrüstung der Feuerwehr ist heute viel besser als damals. Die Feuerwehr braucht man heute aber nicht nur zum Löschen von Bränden, sondern auch für andere Notfälle. Wenn du wissen willst, welche Aufgaben die Feuerwehr hat, dann lies den folgenden Text und setze die vier Wörter an die richtige Stelle.

| löschen | bergen | schützen | retten |

Aufgaben der Feuerwehr

Aus einem brennenden Haus _____ die Feuerwehr

Menschen und Tiere. Sie _____ das Feuer

des brennenden Hauses.

Bei einem Verkehrsunfall _____ die Feuerwehr

die Verletzten aus ihren Autos und leistet ihnen Erste Hilfe.

Nach einem Chemieunfall _____ die Feuerwehr

die Umwelt vor giftigen Stoffen und auslaufenden Chemikalien.

Arbeitskarte
Pippis Kreuzworträtsel

1. Pippi sucht mit ihren Freunden Sachen. Sie sind ...
2. Wie heißt Pippilotta Viktualia Rollgardina Pfefferminz Efraimstocher Langstrumpf mit Spitznamen?
3. Wie heißt Pippis beste Freundin?
4. Pippis Haus ist ein besonders großes Haus. Es ist eine ...
5. Mit wem spielt Pippi Fangen?
6. Wer ist Kleiner Onkel?

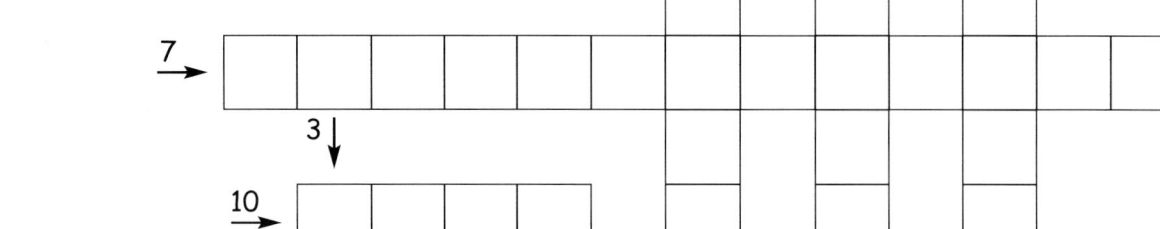

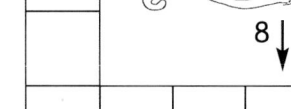

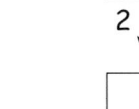

7. Pippi kann Multiplikation nicht aussprechen. Wie sagt sie dazu? (S. 62)
8. Wie heißt Pippis bester Freund?
9. Wo kämpft Pippi mit dem stärksten Mann der Welt?
10. Wer ist Herr Nilsson?
11. Wie sieht Pippis Villa aus?

Arbeitskarte
Pippi kennt man auf der ganzen Welt

Da sich die Menschen auf der ganzen Welt in verschiedenen Sprachen unterhalten, so heißt auch Pippi Langstrumpf fast überall anders. Hier siehst du eine kleine Auswahl von Pippis Namen, wie sie in den verschiedenen Ländern von Europa genannt wird.

Schweden:	„Pippi Långstrump"
Deutschland:	„Pippi Langstrumpf"
Portugal:	„Pippi Mediaslarga"
Italien:	„Pippi Calzelunghe"
Frankreich:	„Fifi Brindancier"
Türkei:	„Pippi Uzuncorap"
Polen:	„Fizia Ponczoszanka"
England:	„Pippi Longstocking"
Russland:	„Pippi Dlinnyjculok"
Dänemark:	„Pippi Langströmpe"

1. Male die Weltkugel. Benutze für den Kreis einen runden Becher oder einen Zirkel.

2. Suche auf dem Globus oder einer Weltkarte den Kontinent (Erdteil) Europa.

3. Die Welt (Erde) besteht aus fünf Kontinenten. Zeige sie auf dem Globus oder auf der Weltkarte und schreibe ihre Namen auf.

_____

_____

4. Du brauchst eine Karte von Europa. Zeige die Länder auf der Europa-Karte. Findest du auch ihre Hauptstädte? Schreibe die Hauptstädte zu den Ländern auf.

Land	Hauptstadt	Land	Hauptstadt
Schweden		Deutschland	
Portugal		Italien	
Frankreich		Türkei	
Polen		England	
Russland		Dänemark	

Arbeitskarte
Pippi Langstrumpf – Lesepuzzle

Arbeitskarte
Lesepuzzle

Wie heißen Thomas und Annika mit Nachnamen? (Seite 150) **2** Lindgren **5** Settergren	Welche Farbe hatte der Stein auf dem Ring, den Pippi Annika an ihrem ersten Treffen schenkte? (Seite 23) **0** grün **4** blau	Wie heißt das Kapitel, in dem Pippi auf dem Dach herumklettert? **8** Pippi geht in die Schule. **2** Pippi spielt Fangen mit Polizisten.
Was hat Pippi beim ersten Besuch von Thomas und Annika in der Villa Kunterbunt gebacken? **10** Pfefferkuchen **7** Pfannkuchen	Was schenkten Thomas und Annika Pippi zum Geburtstag? (Seite 192) **10** Spieldose **5** Taschenuhr	Wie putzte Pippi den Fußboden in der Villa Kunterbunt? (S. 96) **1** Mit dem Schrubber. **8** Sie band sich zwei Scheuerbürsten an die Füße und lief damit Schlittschuh.
In welcher Reihenfolge kletterten die drei Kinder aus dem hohlen Baum? (S. 94) **3** Zuerst Pippi, dann Annika und zuletzt Thomas **0** Zuerst Pippi, dann Thomas und zuletzt Annika	Wieso trug Pippi so große Schuhe? Damit sie …? (Seite 42) **7** große Schritte machen konnte. **1** mit den Zehen wackeln konnte.	Wie hatte Pippi die Haare, als sie zum Kaffeekränzchen bei Thomas und Annika eingeladen war? (S. 150) **3** Sie hatte Zöpfe. **4** Sie trug ihr Haar offen.

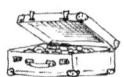

Arbeitskarte
Briefmarken von Pippi Langstrumpf

Pippi Langstrumpf kennt man auf der ganzen Welt. Sie ist so berühmt, dass es sogar eine Briefmarke von ihr gibt. Seit dem 13. Juni 2001 kannst du die Briefmarke von Pippi auf dem Postamt kaufen.

Sie kostet 0,51 € + 0,26 € = _____ €

Der Betrag von 0,51 € entspricht dem Wert der Briefmarke. Die 0,26 € spendest du an eine Jugendorganisation. Diese Einrichtung unterstützt Kinder und Jugendliche, die keine Eltern mehr haben oder deren Eltern nicht so viel Geld verdienen und die sich nicht um ihre Kinder kümmern können.

Du willst deiner Freundin / deinem Freund oder einer anderen Person Post schicken. Frage auf dem Postamt nach, wie viel Euro auf deiner Briefmarke für deine Post stehen muss. Oder benutze das Service-Informationsheft der Deutschen Post. Darin findest du alle Antworten.

1. Wie viel Euro muss auf einer Briefmarke sein, wenn du eine Postkarte verschickst?

   _____

2. Welchen Betrag muss deine Briefmarke haben, wenn du einen Standardbrief (normaler Brief) verschickst?

   _____

3. Wie viel Euro muss auf der Briefmarke für einen Großbrief stehen?

   _____

4. Du willst einen Standardbrief mit einer Pippi-Briefmarke verschicken. Wie viel Cent fehlen dir?

   _____

5. Wenn du eine echte Pippi Langstrumpf Briefmarke hast, kannst du sie hier in die Lasche stecken. Deine Lehrerin zeigt dir, wie du die Lasche basteln kannst.

   Tipp: Frage bei der Post nach dem gültigen Tarif oder hole dir die Infos unter *www.deutschepost.de*

Arbeitskarte
Plutimikations-Rap

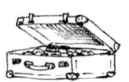

Weißt du, was ein Rap ist?
Ein Rap ist eine Liedart. Man sagt dazu auch Sprechgesang. Bei einem Rap wird der Text des Liedes rhythmisch gesprochen und nicht gesungen.

1. Versuche einmal, den Plutimikations-Rap von Pippi nach deiner Vorstellung rhythmisch zu sprechen. Mit einem Partner oder mit einer Gruppe macht es dir bestimmt mehr Spaß.

2. Übt den Plutimikations-Rap gemeinsam oder in verteilten Rollen rhythmisch zu sprechen.

3. Führt euren Plutimikations-Rap den anderen vor.

4. Erfindet selbst noch Strophen zum Plutimikations-Rap.

Plutimikations-Rap

Plutimikation, die kann Pippi nicht, denn sie hat Sommersprossen im Gesicht.
Und mit den Sommersprossen im Gesicht lernt man die Plutimikation nicht.

Plutimikation, die ist der Hit, denn sie macht dich einfach super fit.
Plutimikation kannst du singen im Haus oder du gehst mit deinem Partner raus.

Kannst du rappen mit der Plutimikation, dann brauchst du ein Mikrofon.
Plutimikation singt Pippi mit Mut, aber sie kann es ja nicht so gut.

Kannst du nicht mal Plutimikation, dann bist du keine schlaue Person.
Plutimikation, die ist Pippi ein Graus, aber das macht ihr gar nichts aus.

Worüber wir rappen, das weißt du nicht? Dann rappen wir es dir ins Gesicht:
Pippi sagt immer Plutimikation, doch eigentlich heißt es Multiplikation.

Arbeitskarte
Was Pippi so alles treibt

Pippi ist erst 9 Jahre alt und bereits so stark wie eine Riesin. Mit einem Affen und einem Pferd zusammen wohnt sie allein in der Villa Kunterbunt und darf tun, was sie will.

1. Schreibe auf, an welchen Stellen im Buch Pippi Langstrumpf furchtbar stark ist. Kennst du auch die Seitenzahlen? Was macht sie Ungewöhnliches, wobei man so stark sein muss?

   _____
   _____
   _____

2. Damals und auch noch heute glauben manche Erwachsene, Pippi sei ein schlechtes Vorbild für Kinder. Denn kein normales Kind isst eine ganze Sahnetorte auf oder geht barfuß auf Zucker.

   Welchen Unfug treibt Pippi Langstrumpf noch? Warum meinen manche Erwachsene, Pippi sei für Kinder ein schlechtes Beispiel?

   _____
   _____
   _____

3. Pippi Langstrumpf tut auch viel Gutes. Sie hilft anderen, wenn sie in Not sind, und sie ist eine tolle Freundin. Was tut Pippi Gutes? Warum ist sie eine tolle Freundin?

   _____
   _____
   _____

4. Obwohl Pippi alleine wohnt, weiß sie sich zu helfen. Sprecht in einer kleinen Gruppe darüber, wie Pippi sich hilft. Vergleicht eure Ergebnisse. Wäre es gut, wenn man das könnte, was Pippi kann? Warum? Benutzt für eure Antworten die Rückseite!

Das Pippi-Langstrumpf-Spiel

Ereigniskarte

Fragekarte

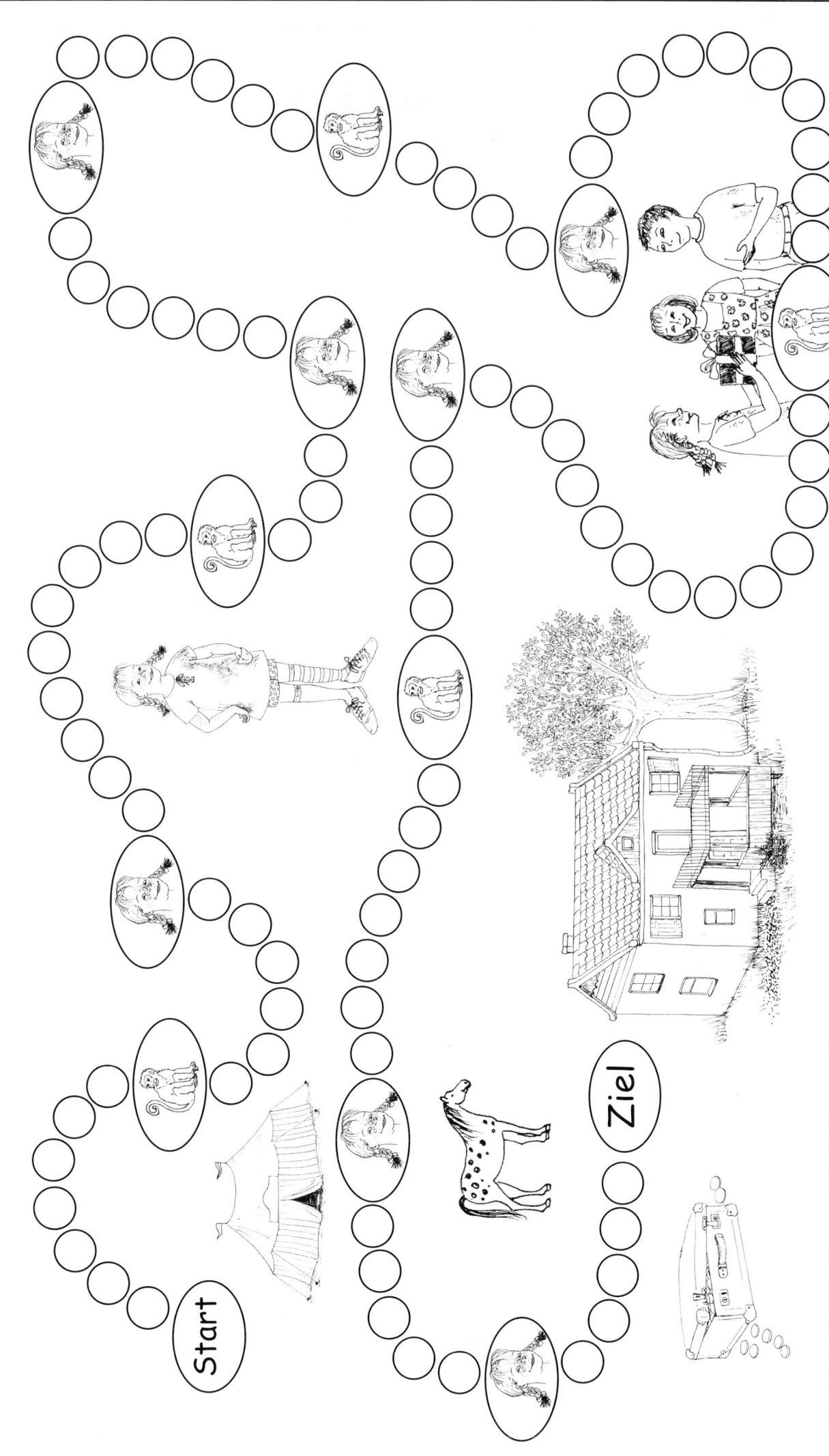

Start

Ziel

Arbeitskarte
Das Pippi-Langstrumpf-Spiel

Spielregeln für 2 bis 4 Mitspieler

1. Wer die höchste Zahl würfelt, darf anfangen.

2. Würfelt abwechselnd und rückt um die gewürfelte Augenzahl vor.

3. Kommt ihr mit eurer gewürfelten Augenzahl auf ein Fragefeld, zieht jeweils der rechte Mitspieler von euch eine Fragekarte und liest sie vor. Beantwortet der Spieler die Frage richtig, bekommt er ein Pippi-Kärtchen oder ein Äffchen. Die Fragekarte wird jetzt unter den Stapel gelegt.

4. Kommt ein Mitspieler auf ein Ereignisfeld, muss er die dort gestellte Aufgabe ausführen. Seid dabei leise, damit ihr eure Mitschülerinnen und eure Mitschüler nicht stört.

5. Das Spiel ist beendet, wenn einer von euch das Ziel erreicht.

6. Wer die meisten Pippi-Kärtchen oder Äffchen hat, gewinnt das Spiel!

Arbeitskarte
Das Pippi-Langstrumpf-Spiel

Fragekarte

Welche zwei Dinge nahm Pippi mit, als sie das Schiff der Matrosen verließ? (Seite 10)

Lösung: Herrn Nilsson und einen Koffer voll Gold.

Fragekarte

Wie kam Pippi zu ihrem Pferd „Kleiner Onkel"? (Seite 11)

Lösung: Sie kaufte es an dem Tag, an dem sie in die Villa Kunterbunt einzog.

Fragekarte

Um wie viel Uhr war Pippi zum Kaffeekränzchen eingeladen? (Seite 150)

Lösung: Nachmittags um drei.

Fragekarte

Wie schlief Pippi in ihrem Bett? (Seite 42)

Lösung: Sie schlief mit den Füßen auf dem Kopfkissen und mit dem Kopf unter der Decke.

Fragekarte

Nenne drei Kapitel von deinem Pippi-Buch. (Seite 5)

Fragekarte

Was war Pippis Papa von Beruf? (Seite 8)

Lösung: Er ist Kapitän.

Fragekarte

Wo war Pippis Mama? (Seite 8)

Lösung: Im Himmel.

Fragekarte

Wo wohnte Pippis Pferd in der Villa Kunterbunt? (Seite 11)

Lösung: Auf der Veranda.

Fragekarte

Wie hieß der Affe von Pippi?

Lösung: Herr Nilsson.

Fragekarte

Wie hieß das Pferd von Pippi?

Lösung: Kleiner Onkel.

Fragekarte

Wann hat Astrid Lindgren das Buch „Pippi Langstrumpf" geschrieben?

Lösung: 1944 verstauchte Astrid Lindgren sich den Fuß. Aus Langeweile schrieb sie die Geschichte von Pippi Langstrumpf.

Fragekarte

Wann erschien in Schweden zum ersten Mal das Buch „Pippi Langstrumpf"?

Lösung: 1945

Fragekarte

In welchem Jahr verstarb Astrid Lindgren?

Lösung: Am 28. Januar 2002.

Fragekarte

Beschreibe, wie Pippi aussah. (Seite 14)

Lösung: orangefarbene abstehende Zöpfe; Sommersprossen im Gesicht; kurzes, gelbes Kleid; zwei verschiedenfarbige Strümpfe; trägt viel zu große Schuhe.

Fragekarte

Was ist Plutimikation

Lösung: Multiplikation (Malnehmen beim Rechnen). Pippi kann das Wort nicht aussprechen.

Arbeitskarte
Das Pippi-Langstrumpf-Spiel

Fragekarte

Was spielte Pippi mit den Polizisten?
(Seite 50)

Lösung: Sie spielte Fangen.

Fragekarte

Wie hieß die Villa, in die Pippi einzog?

Lösung: Villa Kunterbunt.

Fragekarte

Pippi konnte das Wort Zirkus nicht aussprechen. Wie sagte sie dazu?
(Seite 115)

Lösung: Surkus.

Fragekarte

Welche Melodie hatte die Spieldose, die Pippi zum Geburtstag von Annika und Thomas als Geschenk bekam?
(Seite 192)

Lösung: „Ach, du lieber Augustin".

Fragekarte

Was wollte Pippi werden, wenn sie groß ist?
(Seite 207)

Lösung: Seeräuber.

Ereigniskarte

Klettere wie Pippi auf den Tischen und auf den Stühlen herum! Leise!

Ereigniskarte

Lege wie Pippi die Füße auf den Tisch!

Ereigniskarte

Du kannst wie Pippi keine Multiplikation. Setze einmal zum Üben aus.

Ereigniskarte

Du kannst wie Pippi nicht ruhig sitzen bleiben. Hüpfe um einen Stuhl herum. Leise!

Ereigniskarte

Du spielst wie Pippi mit den Polizisten Fangen. Setze dich fünf Mal auf den Boden und stehe wieder auf!

Ereigniskarte

Du rettest wie Pippi zwei Jungen aus einem brennenden Haus. Würfle noch einmal!

Ereigniskarte

Du benimmst dich beim Kaffeekränzchen nicht anständig. Gehe vier Felder zurück.

Ereigniskarte

Du bist genauso artig wie Thomas und Annika. Rücke drei Felder vor!

Ereigniskarte

Du kannst wie Pippi nicht besonders gut rechnen. Die 70 bleibt dir beim Zählen deiner Goldstücke im Halse stecken. Setze einmal aus!

Ereigniskarte

Denke dir selbst eine Aufgabe aus, was Pippi Langstrumpf noch alles kann. Rücke dafür zwei Felder vor.

Lösungen

Zu Seite 11: Interessantes über mein Lieblingsbuch
1. Der Illustrator Walter Scharnweber hat 13 Bilder im Buch „Pippi Langstrumpf" gezeichnet (inkl. Titelbild).

Zu Seite 13: Wie du dich in deinem Buch zurechtfindest
Lösungswort: LANGSTRUMPF

Zu Seite 23: Arbeitsblatt 8 (Seite 73/74)
5. Die Kinder gehen in Argentinien an 16 Tagen im Jahr zur Schule.

Zu Seite 33: Arbeitsblatt 18
Schiff, Sachensucher, Zehen, Plutimikation, Kaffee, Schule, Kiefer, Hände, Felsen, Sahnetorte, Zimmer, Baum, Geschenk, Bodentreppe

Lösungswort: FREUNDSCHAFTEN

Zu Seite 35: Arbeitskarte: Viele Bücher und Spielfilme zu Pippi Langstrumpf
Es gibt insgesamt vier Spielfilme:
1. Pippi Langstrumpf
2. Pippi geht an Bord
3. Pippi im Taka-Tuka-Land
4. Pippi außer Rand und Band

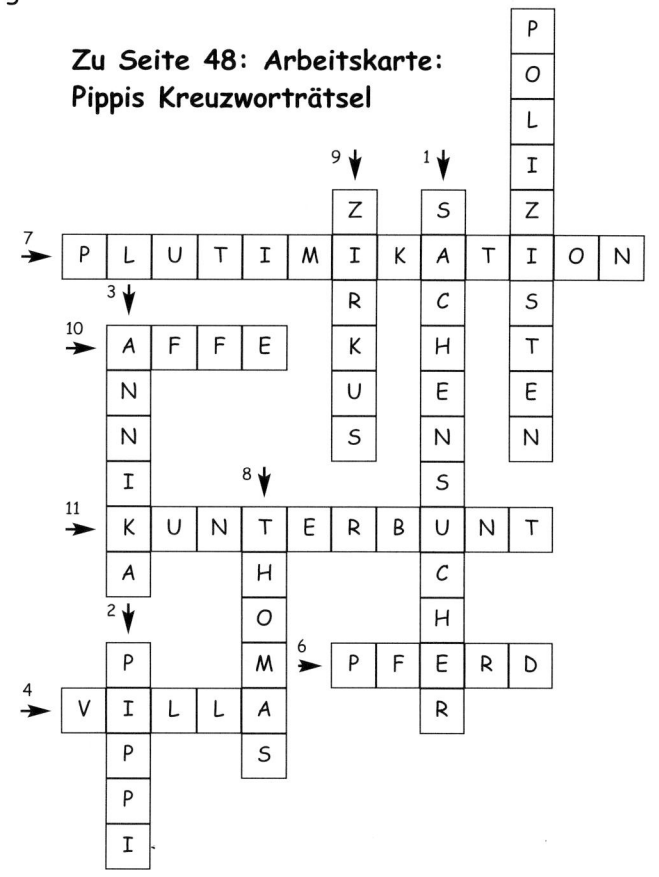

Zu Seite 48: Arbeitskarte: Pippis Kreuzworträtsel

7→ PLUTIMIKATION
10→ AFFE
11→ KUNTERBUNT
6→ PFERD
4→ VILLA

1↓ SCHENNSCHS
2↓ PPPI
3↓ ANNI KA
5↓ POLIZISTEN
8↓ THOMAS
9↓ ZIRKUS

Zu Seite 49: Arbeitskarte: Pippi kennt man auf der ganzen Welt

Land	Hauptstadt	Land	Hauptstadt
Schweden	Stockholm	Deutschland	Berlin
Portugal	Lissabon	Italien	Rom
Frankreich	Paris	Türkei	Ankara
Polen	Warschau	England	London
Russland	Moskau	Dänemark	Kopenhagen

Lösungen

Zu Seite 44: Plutimikation

Zu Seite 50: Lesepuzzle